しまなみ人物伝

村上　貢　著

目次

はじめに

日本の歴史は、どの時代にしても深く海にかかわりながら展開されています。とくに瀬戸内海では、列島の運命が大きく転換されようとした時期には、多くの歴史的な事件が展開されています。遣隋使や遣唐使が往来したのも、藤原純友の乱が発生したのもこの内海でした。戦国時代には、「しまなみ海道」一帯に水軍とか海賊とも呼ばれている組織の活動も展開されています。

幕藩体制が整備されていった時代に、芸予諸島の経済活動を支えていたのは急速に整備され、大型にもなっていた帆船でした。菱垣回船とか樽回船とか呼ばれた船舶は、内海だけでなく日本列島の全域で活動していました。幕藩体制が崩壊して、日本の近代社会の形成が急がれた時代には、帆船は急速に蒸気船に転換されました。芸予諸島の島々からも、こうした船舶の要員が精力的に輩出されています。幹部船員を育成するために出現したのが国立の商船学校（のちの高等商船学校、商船大学の前身）でした。間もなく多くの府県立の商船学校がそれに続きました。そのうちの数校は現在も国立の商船高等専門学校（工学系学科を含む）

として活動しています。

筆者は、明治三十四年（一九〇一）に村立で創設され、やがて愛媛県立から国立へと変遷を続けてきた弓削商船高等専門学校に、同校が高専に編成がえされた際に着任し、二十年あまり勤務しました。その間、在学中の学生諸君と共に海事史研究を進め始め、やがて学芸部の部誌『海事史研究』が例年刊行され、筆者も海事関係史料を集約してこの部誌や学会誌にも発表してきました。この学校を退職後に勤務した岡山商科大学でも海事史の研究を続け、同校退職後も地域の研究会の一員として研修を進めてきました。

この著書でまず登場するのは、まだ幕藩鎖国体制が維持されていた時代に進められた伊能忠敬による尾道および芸予諸島の測量です。

それに続くのは帆船に乗務中、海難事件に直面した漂流船員たちの足跡です。続いて明治・大正・昭和時代に海運界に身を置いて、それぞれ主体的に生き抜いてきた人たちを追跡してみました。懸命に海にまた地域の発展のため奮闘していた先人たちがたどってきた足跡は、日本の近代史そのものなのかも知れません。

第一部

日本の夜明けの時代に

一　伊能忠敬―尾道周辺の測量

測量をめぐる芸予諸島の動き

伊能忠敬（一七四五～一八一八）の『大日本沿海輿地全図』は、やがて来日した西欧人の「碧い目を白黒させた」ほどの正確さであった。このような表現で、井上ひさしは「伊能忠敬」（『人物海の日本史⑦漂流と探検』毎日新聞社刊）を書き起こしています。

伊能は五十歳で隠居したのち天文学を修め、幕府の許可を受けて日本各地の測量を実施し、正確な日本地図を完成しました。第十次までの測量のうち、第九次と十次を除くすべてが忠敬によって推進されています。

その第五次（文化三、一八〇六年）の山陽路の測量の際に、本土の尾道に続いて、芸予諸島の島々（伊予、現愛媛県越智郡上島町や現尾道市の因島や生口島）を測量しています。この測量は第五次から幕府直轄の事業となり、伊能忠敬はこのときに幕臣に登用されています。一行受け入れ側の庄屋たちは緊張して受け入れ態勢を整えたに相違ありません。その指揮にしたがって、動員された人馬や船舶は驚くほどに膨大なものでした。各地域の協力なしに実現するような事業ではありませんでした。その一端を関係地域に残されていた史料や『伊能忠敬測量日記』（佐久間達夫校訂、大空社刊）によって追跡してみます。

伊予松山藩領であった岩城島（現愛媛県越智郡上島町）の史料館には、二綴りの『測量御役人様御通行諸日記』が保存され、『岩城村誌』上巻（古代・中近世編）にも集録されています。一冊目の綴りの表紙には、この島々の測量が実施される前年、「文化弐（一八〇五）年丑十一月より」と大きく筆書きされています。その最初に集録されているのは、次のような通達です。測量方の入島は数十日後に迫っていました。（引用は『岩城村誌』上巻より）

別紙、御浦触《うらぶれ》到来、則、写し壱通差し上げ申候、御受取成らるべく候。

十月廿日　　月番　嘉平次

追って、此の触書早々に相廻し、承知之旨別紙請書相添え、留りより左近御役所へ

伊能忠敬（伊能忠敬記念館蔵）

相通ずべく候、以上

一、人足壱人　馬弐疋　伊能勘解由

一、馬壱疋宛　高橋善助　下役弐人　右之外測量持運

一、人足六人

一、馬壱疋

一、長持壱棹　持人

右は、此の度、東海道其外西国並びに中国筋海辺浦々測量の為、御用差し遣わされるに付き、書面の通り、無賃之人馬下される間、宿の村において、其旨相心得、往返とも滞り無く差し出すべき者也

続いて次のような「書付」が見られます。この書付を岩城村の庄屋に送付したのは、「今治領大庄屋（下弓削村）村井小左衛門」ですが、「御証文」というのは、伊能等が署名している文書なのでしょうか。

「写」村井小左衛門様より参る書付

御証文

一、人足七人

一、馬六疋
一、長持壱棹持ち人足
右は我々国々の海辺測量御用の為、来る晦日、内弟子とも上下拾五人、伏見出立、下辺表より測量相初め、神埼川通り尼ヶ崎へ向かい、夫より摂州、播州、備前、備中、備後、安芸国広島迄、右国々並びに瀬戸内の島々まで残らず相測り候間、御証文の通り、人馬滞り無く継ぎ立て申さるべく候、もっとも瀬戸内の島々へは、渡り勝手宜しき所より案内致し、船用意これ有るべく候。且《かつ》讃州、予州等の島々にても、中国筋島続きにて測量都合宜しき所共は此の度相測り候間、其の最寄《もよ》りより讃州、予州への島々へ兼而《かねて》申し通し置き、渡船其の外止宿差し支えこれ無き様、通行筋山川とも測量致し候間、村々案内これ有るべく候。
一、泊まり宿の儀は、雨天其の外逗留の義もこれ有り候間、途中より追々相達し候、尤《もっと》も御用測量器振り込み候間、明き地十坪の地所用意これ有るべく候。泊まり宿にて、夜分測量致し候間、成るべく尺上下、残らず同宿の積り用意これ有るべく候、村方建屋間狭にては同宿相成り難き義に候間、近辺、別宿用意これ有るべし。且つ、支度等は御定めの木銭、米代相払い候間、其の所有り合わせの品にて一汁一菜の外、馳走がま敷き儀は決して無用と為し候。則、御証文四通差し遣わし候間、此の先触れ早々順達、芸州広島に留め置き、我ら着の節、相返さるべく候。勿論《もちろん》、広島の先々の義は、同所より先触れ差し出し申すべく候、以上

丑（文化二、一八〇五）年九月廿九日

下河辺政五郎

坂部貞兵衛

高橋善助

伊能勘解由（後略）

連署している「伊能勘解由」等の四人は次のような人物です。下河辺与方（政五郎）は数学を学び、高橋景保の手付下役として暦算の仕事を担当、文化二年九月より測量隊員。坂部貞兵衛は、幕府の御先手同心で数学を学び、暦局に出役して高橋景保の手付下役から手伝いとなり、測量隊の支隊の長として忠敬を助けた人物。高橋善助（渋川景佑）は、高橋至時の二男、大阪で誕生したが後に江戸に出て、兄の景保（のちシーボルト事件に連座、獄死）と共に暦算・漢学・蘭学を学び、のち天文方渋川富五郎の養子となり、天文方見習から御書物奉行に就任。伊能勘解由は伊能忠敬のこと。（『伊能忠敬測量日記』第二巻、佐久間達夫の

解説、参照）

四人の測量隊員が署名した「御証文」には、隊員一行の受け入れについて慎重な配慮がうかがえます。測量方の基本方針は、権威を振りかざした安易なものではなかったようです。しかし、測量が進んだ地域の庄屋たちが直面した現実は、決して安易なものではありませんでした。中国本土の尾道や周辺の芸予諸島は、どのように実務を処理したのでしょうか。

まず芸予諸島の伊予側（松山藩と今治藩領）の庄屋たちは、測量を円滑に進めるためには、芸州藩（広島県）側の責任者との連絡が必要となります。ところが、芸州藩と幾つかの海峡を隔てて隣接している諸島（現愛媛県越智郡上島町）のうち、弓削島等は今治藩、一方の岩城、生名島等は松山藩と所轄の藩が異なっていました。そのため、これまでは隣島でありながらほとんど相互の連絡はありませんでした。しかし、測量の実務を円滑に進めるためには、緊急に意思統一が必要でした。岩城村の『測量御役人御通行諸日記』（前編、文化二年）には、今治藩領の弓削の大庄屋から松山御領岩城島の庄屋に宛てた次のような書面が集録されています。

……公儀天文方高橋作左衛門様御手付、伊能勘解由様御通行之趣に付、備前方角よりの御達し、尾道迄到来に付、之によって、芸州御領同島（因島のこと、筆者）宮地惣二郎方より、当方へ右の写し壱通差し越し候間……御知らせ申し進め候……

十一月十四日

今治領大庄屋　下弓削村　村井小左衛門

松山御領岩城島　御庄屋　白石友右衛門様

この情報は、早速、岩城島の庄屋から同じ松山藩の大庄屋菅周三郎に報告され、菅周三郎は十一月十六日付けで岩城島の庄屋に次のような書面を送っています。

（前略）測量方御役人様御通行の儀、因島宮地惣二郎方へ聞き合せに人差し遣わし候処、同人病気に付き、一向、応対も出来申さず、それより尾道へ罷り越し聞き合せ仕《つかまつ》り、今朝罷《まか》り帰り候、彼方にも播州赤穂へ聞き合せに罷り越し候て承合、右書類の十枚ばかりも御座候処……得写し戻り申さず候。彼方の様子、尾道の役人演説の次第、受け戻り候義、荒々左に申し上げ候……

一、島々迄も絵図相調べ、島廻りの里数、御高、人高、家数、宮数、寺数、神仏……名所旧跡等相記し候事

一、近島并《ならび》に地方共見掛りの所は、不時、里数御尋ねこれ有り候事

（中略）

一、島々御改めの節、小船五拾艘も差し出し候由
一、御改めの里数、国方海辺は一日に三里位、島々は一日に壱里半位と……其の外の儀は、其の所の仕儀にて違い申すべき事かと尾道役人申し聞かされ候由（同年十一月十九日付け、岩城庄屋から弓削大庄屋への報告）

その後も連日のように文書による連絡が進んでいます。

尾道と周辺諸島の測量

『伊能忠敬測量日記』（佐久間達夫校訂、大空社刊）の「第五次測量日記」（紀伊半島、瀬戸内海の島々、中国沿岸）には次のように記されています。

文化二（一八〇五）年、乙丑年、二月十五日、西国、四国、九州、壱岐、対馬まで測量の命を被りて、高橋善助、市野金助、坂部貞兵衛並びに内弟子平山郡蔵、伊能秀蔵、門谷清次郎、小坂寛平、其の外上下十四人発足す……

その後、一行の測量は摂州、播州、備前、備中、備後へと進められ、翌（文化三、一八〇六）年の二月初旬には、次のように尾道周辺の測量を実施しています。

同（二月）五日　曇天。朝六ツ前、藤江村より手分け。東河、坂部、稲生、浅五郎、

角二、戸崎、東の岬より浦崎塩浜後まで測る。にわかに西大風に成り、測量いたし兼ね、陸を藤江村へ帰る。坂部、稲生、浅五郎、角二、丈助、藤江村に残し置く。明六日、浦崎塩浜より金見村、柳津村まで測量成さしむ。高橋、下河辺、小坂、佐藤、吉平、栄治、宗兵衛、金見、柳津村界より尾道地先入口迄測る。東河も藤江村より陸を尾道駅に至る。止宿、本陣常治郎。御調郡栗原村大庄屋熊谷幾右衛門、郡方横目付守山順蔵、浦年寄亀山東助、当所町奉行下役高橋茂七郎、榎本為衛門、芸州領付回四人、安芸郡府中村大庄屋原田十兵衛、御調郡島西村庄屋高田利兵衛、安芸郡牛田村庄屋利三郎、加茂郡吉行村庄屋嘉三郎来て御用向きを談ず。……当所町奉行南部藤右衛門、郡支配下役向井周右衛門、北槌之助、船方、境要蔵、桑原五内出る。御調郡の内、三原近村用掛大庄屋要平出る。此の日、雪時雨あり、夜晴天、測量。

同（二月）六日　朝より曇天。高橋、佐藤、丈右衛門、吉平、惣兵衛、尾道入り口（即界）より三原領木原村まで測る。当尾道街道へ三ヶ所繋ぐ。下河辺、小坂、栄二、賀島を測る。また向島の中を測る。坂部、稲生、浅五郎、丈助、浦崎塩浜より金見村、柳津村境まで測る。八ッ頃尾道駅へ着く。小坂、下河辺は八ッ後に着く。高橋は七ッ頃に着く。止宿同前。東河病気。松平隠岐守（予州今治）大島の大庄屋池田八兵衛来る。此の日晴天、雪時雨あり。夜晴天、測量。

同（二月）七日　朝より晴天。高橋、下河辺、浅五郎、栄次、惣兵衛、向島より東村、西村の内余先浜迄測る。坂部、稲生、丈右衛門、丈助、蛇島（クチナハジマ）より初め西村の内余先浜にて合測。小坂、佐藤、吉平、犬神崎より内浦通り蛇崎の残印まで測る。三手共八ツ後、西村内鳥崎、尾道天満屋治兵衛別荘へ着て止宿。家作広く、庭園大いに景色よし。此の夜晴天、測量。

同（二月）八日　朝より晴天、六ツ頃、向島西村字島崎出立。三手分測。何連の手も広島より馳走船出る。一番は東河、小坂、浅五郎、丈右衛門、吉平、半六、大浜浦下（即、院ノ島の内元浦という）より初め、重井浦（午上ノ鼻）に終わる。二番高橋、坂部、永沢（今日より出勤）、丈助、惣兵衛、鰯島一周を測る。三番下河辺、稲生、佐藤、栄治、大鯨島、小鯨島、大細島、小細島を測る。一番は八ッ後、二番は八ッ半頃、三番は八ッ半後に院ノ島（重井浦）着。止宿、曹洞宗善興寺。此の夜晴天、測量。

同（二月）九日　朝より晴天。重井浦出立、一番は東河、下河辺、稲生、丈右衛門、栄二、半六、大浜浦（即、院ノ島の内元浦という）より中庄浦、外ノ浦、鏡浦、椋ノ浦、三津庄浦入口前にて三番と合測。三番坂部、小坂、浅五郎、丈助、土生浦、三津庄浦を測りて二番と合測。二番高橋、永沢、佐藤、吉平、惣兵衛、重井浦より田熊浦まで測る。一番、三番は七ッ後、二番は七ッ半後、三津庄浦へ着(即、院島内)。止宿、庄屋宗平。家作新らし。伊予、今治領伯方上島大庄屋、村井小左衛門、昨夜も今日も出る。此の夜、晴天、測量。

こうして測量は、昼夜を問わず懸命に進められ、尾道本土から、向島、因島と測量が進められ、舞台は伊予側に移ります。この測量方の一行は次のような面々でした。

下河辺(政五郎)、坂部(貞兵衛)、高橋(善助)、伊能勘解由(忠敬)は、先出の触書の署名者。平山(郡蔵)は伊能忠敬の妻(達)の母親の出生した多古町南中の平山氏の子、測量隊に参加した平山宗平の兄。伊能秀蔵は忠敬の継妻の長男。佐藤(伊兵衛)は、元は使用人、測量隊に加わり、のち忠敬の従臣となります。市野金助(茂喬)は幕府の御先手同心で、算数に通じていたので、暦局出仕となり、高橋景保の手付け下役として西国地方の測量に参加。小坂(寛平)は俳諧の師匠等もした人物でしたが、のち品行をとがめられて破門されています。測量隊員の中にはこうした人物もいて、酒色を強要するなど、受け入れ側の庄屋たちを困惑させた人物もいた模様で、庄屋たちの苦労話も伝わっています。

伊予の上島諸島と芸州藩生口島の測量

こうして中国本土の尾道に続いて、向島や因島の測量が急速に進められ、『伊能忠敬測量日記』によると、芸州側の因島の測量は、文化三（一八〇六）年二月九日に終了しています。翌日から、伊予側の測量です。芸州藩の因島と狭い海峡を隔てて隣接している伊予側（現愛媛県越智郡上島町）の島々の測量が開始されるまでに、それぞれ受け入れ態勢は入念に進められていました。

岩城島の『測量方御役人様御通行諸日記』（続編、文化三年）の冒頭に集録されているのは、松山藩士、山崎猪太夫から岩城村の庄屋に宛てた二月二日付けの入念な指示です。間もなく尾道周辺の測量が開始されようとしていました。それに続く島方の受け入れの準備を急がせているのです。

……甚だ火急の義にて、大いに差し支え相成り申し候右に付いては、御用掛かり御代官、柴田氏、明後四日、ここ元出船にて、其の村方へ入り込ませ候間、此の段御承知成らるべく候……尚また右御用に付き、荒々御手当これ有るべき事左の通りに御座候間、承知の上、御手当成らるべく候。

一、御役人中、其の外付々の衆中御宿手当の事

一、六七端船　五六艘　ただし、御見聞の節、御乗船並びに台所船用意
一、小船　四拾艘程
一、人足　九拾人程
一、道橋の儀、大破の所は、夫々取り繕うの事
一、先引郷筒取り計らいの事　御役人の方へ壱人、御代官の方へ壱人、両人の事、但し、不入などの節は、仮郷筒取り計らいの事
一、右に付いては、大庄屋初め、諸庄屋六、七人入り込み候様、申し遣わし候間、是また御承知成らるべく候
一、同役共両人並びに使い番壱人入り込ませ候間、是れまた御承知成らるべく候、尚また同役共使い番、夜具御手当成らるべく候、仕出し屋の者、ここもとより召し連れ候間、これ等の所も御承知成らるべく候。もっとも、家具持参のこと。
一、此の度、御役人御入り込みに付き、左の通り急々御手当の事
一、臥具、絹、紬、木綿……
一、入湯桶、此の品これ無く候はば、居風呂にても綺麗なる所用意
一、燭台、行燈、手燭共三通

一、床机　但し、長さ壱間、幅壱尺弐寸位
一、手水鉢、杓共
一、竹馬並びに泥足　見合
一、行燈台　四ッ（中略）
一、刀掛けの事
一、かんばん笠合羽の事
一、薄縁の事
一、篭並びに行駄の事（中略）
一、筆墨、紙の事
一、たたみ床机の事
一、置火炉
一、たらい手水たらい、月代たらい共
右の通り荒々書付差し遣わし申し候間、最々書き落とし御品もこれ有り候はば、御考えの上御整え置き成さるべく候、其の内入り込み申すべく候間、左様に御承知成さるべく候

一、御代官並びに同役共入り込み候間、是また宿の手当御調べ置き成さるべく候

少々長すぎる引用となりましたが、この文書には測量方一行の受け入れだけでなく、現地入りをする関係藩士たちの接待までも指示されています。その後も指示や報告が岩城村の庄屋白石友右衛門に向けて殺到しています。こうして、必死に準備を進めた島々の測量は、『伊能忠敬測量日記』によると次のように実施されています。

二月十日　前夜より大風。今朝、今治領の島々へ渡海せんとす。大風ゆえ見合わす。六ツ後、風静かになるに付、四手分測。一手は高橋……江島を測る。二手は坂部、稲生、浅五郎、丈助、沖の島（魚島のこと、筆者）、瓢箪小島を測る。三手は下河辺、永沢、丈右衛門、栄二、高井神島を測る。四手は東河、小坂、由平、半六、百貫島、豊島を測る。四手は七ッ頃、二手は五ッ頃、一手、三手は暮れに着く。止宿は弓削島、下弓削浦大庄屋村井小左衛門。此の所、上湊なり。同領大島浦大庄屋池田弥八兵衛出る。着後、松平壱岐守島方代官役村越治郎右衛門出る。

同十一日　朝大風雨にて逗留。今治代官手代福原直八出る。終夜大風また雨。

同十二日　朝より午後まで大風また雨。逗留。八ッ頃より止む。

同十三日　朝晴天。一番手高橋、永沢、佐藤、由平、惣兵衛、弓削浦宿所前より初

め、竹ヶ鼻まで測る。二番手坂部、稲生、丈右衛門、平右衛門、平松氏、宿所前より内浦通り、竹ヶ鼻にて一番と合測。三番手下河辺、小坂、浅五郎、窪田氏、栄二、佐島一周を測る。此の夜晴天、測量。

同十四日　朝曇晴。六ッ頃、下弓削島出立。高橋、平山（今日より出勤）、永沢、浅五郎、丈助、宗兵衛、三番手にて生名島（松平立丸領なり、此の島属、厳島、ノウコ、ツボケ島、ツル島、竹島、ヘナイ島、コシキ島、大コ島、ジジカセ島、合せて九島）、高松岬より初める。……一番下河辺……赤穂根島、津波島、外鵜小島等を測る。三手共七ッ前後に伊予国越智郡岩城村着。止宿庄屋孫左衛門、当所へ松平立丸内浦奉行役兼代官役柴田五郎右衛門、浦奉行下役小野六郎兵衛、井手武左衛門罷り越す。此の夜曇天、不測。

同十五日　……六ッ前後、岩城島出立、三手分。一手は下河辺……生口島（院ノ島より渡りの狭き所は五、六町。弁天小島、岡へ一、二町）、洲江浦より初め、荻浦入口まで測る。高橋……岩城島止宿より左旋して測る。坂部、同所より右旋して測る。字二股にて合測。（生口島は十三ヶ浦あり、塩場もあり）大飛子島、小飛子島あり、芸州と予州入会のよし。生口島御寺浦止宿、西本願寺善立寺止宿。此の日、予州松山小船頭玉上兵左衛門、同国大洲加藤遠江守内平井隼之進、三井弥祝来る。……生口島

の内、瀬戸田町世話人大庄屋葛西十三郎……出る。止宿、掛田野浦村庄屋和五郎。此の夜晴天、測量。

同十六日　……高根島周囲を測る。坂部……生口島の内、洲江浦、茗荷浦界より沢浦、亀ヶ首岬まで測る。外に沢村持の木ノ子島周囲、佐木島の内、下佐木島周囲を測る。下河辺……生口島、荻浦入口より初め、沢浦亀ノ首にて両手合測。各八ッ後、生口島の内瀬戸田町へ着く。止宿塩屋和三郎。家作よろし。……

同十七日　前夜より大風、逗留。坂部……三原町を測る。風強くして不成。

同十八日　続いて大風。高橋……大小佐木島不測して三原へ乗船。我も三原町

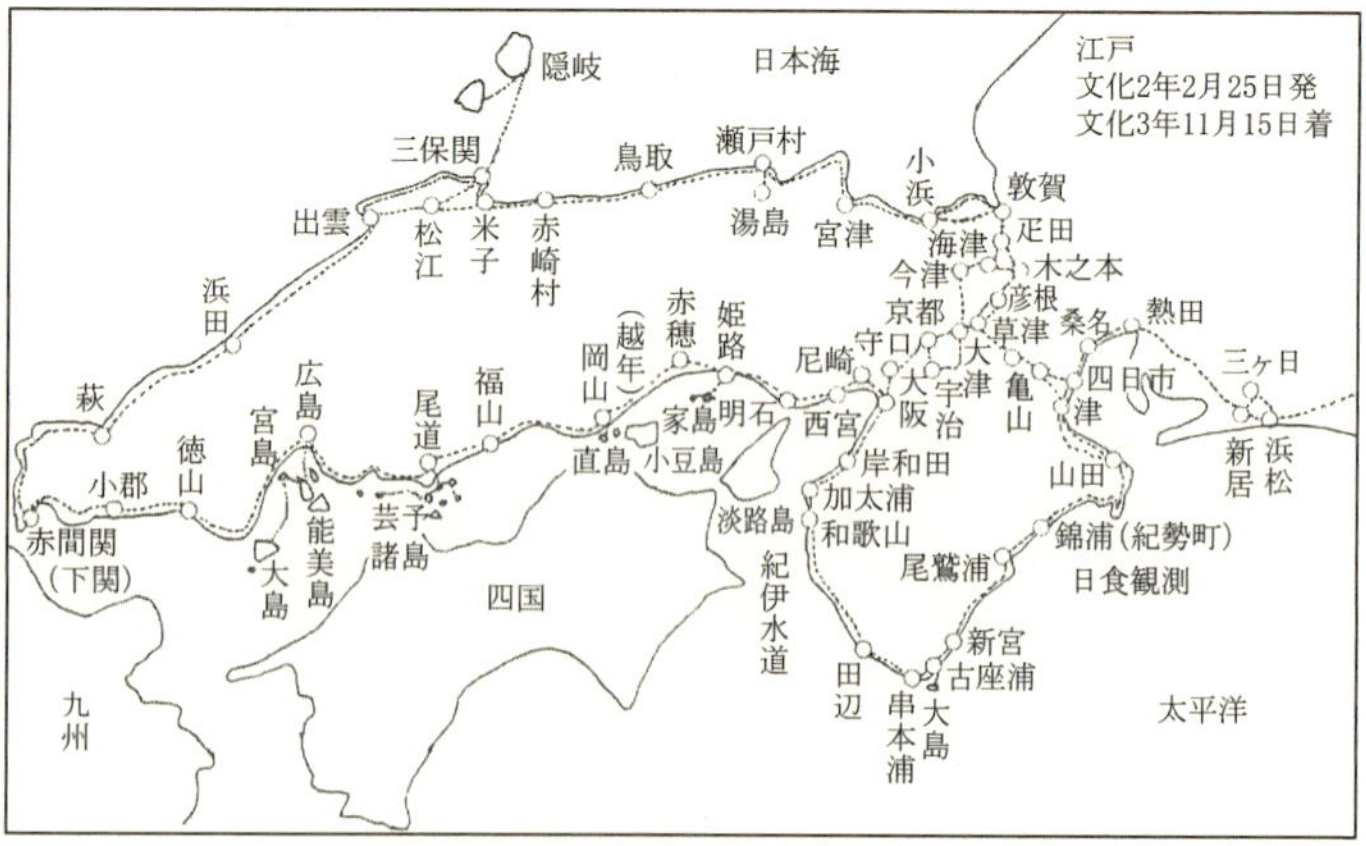

伊能忠敬全国測量の経路図
第五次測量(紀伊半島・瀬戸内海の島々・中国沿岸)
(佐久間達夫編著『新説伊能忠敬』より)

へ乗船、八ツ頃に着……木原より三原領を測る。……三原領は木原村、東野村、三原村、西野村（即、備後の終）

こうして、二月五日から十八日までの十日余りの間に、夜間も測量を強行しながら、本土の尾道にあわせて周辺の島々の測量も終了しています。

まとめにかえて

尾道と周辺の島々、その中にははるか燧灘の魚島や周辺の小島も含めて、厳しい寒波を乗り越えながら測量が完了しました。その測量隊員たちの行動を支えたのは、現地で動員され、多数の舟艇を操った人たちでした。地域の先輩たちが日本の近代を漕ぎ寄せていたようにも思われます。でも、完成された地図は、文政十一（一八二八）年に、シーボルト事件の悲劇を引き起こしています。伊能の『大日本沿海輿地全図』が書庫から解放されたのは、徳川幕府が崩壊してからです。関係者の苦労の結晶であった図面は、測量の際に現地に派遣されてきた関係藩士たちにも内密にされていた模様です。それにしても、こうして完成された尾道と芸予諸島の地図は、誇るべき瀬戸内海の文化遺産であるのではないでしょうか。

（引用史料の一部は、書き下し文に、また振り仮名を付しました）

二　瀬戸田の仙太郎—幕末の海外漂流

瀬戸内からも輩出された海外漂流民

私たちの郷土の歴史は、深く海とかかわっている。国生みの神話にしても、内海の島々の誕生から出発しており、遣唐使の乗船の多くも安芸船と呼ばれているように、広島県下で建造されたものであった。また、室町時代のほぼ一ヶ年間（文安二〜三、一四四五〜四六年）に、内海各地から兵庫（神戸）港まで各種の物資を輸送した船舶の記録『兵庫北関入船納帳』（林屋辰三郎編、中央公論美術出版）に、「備後」と記載されている物資は「備後塩」つまり塩の代名詞であった。それほど、当地域の塩作りは盛んであった。先の期間に兵庫港に入港した全船舶数は約二千隻で、芸予の各港に船籍がある船舶数は次のようになっている。

備後　尾道六十二隻、田島十八隻、鞆十七隻、三庄（因島）十一隻、三原（三原市）六十五隻、藁江（福山市）八隻
安芸　蒲刈十四隻、瀬戸田六十九隻、高崎（竹原市）十三隻、竹原六隻、丹穂（竹原市？）三隻
伊予　弓削（愛媛県上島町）二十四隻、岩城（同）六隻、葉賀田（伯方島、今治市）五隻

やがて登場する村上水軍（海賊）も、こうした船舶と何かのつながりを持っていたのかも知れない。江戸時代には、樽廻船や菱垣廻船、また北前船にもこの地域の出身者が乗り組んだ。遭難船舶も続出したが、遭難後に生還できた船乗りも少なくはなかった。漂流民というと、すぐ土佐のジョン（中浜）万次郎など太平洋岸の出身者を想起する。けれども、古くから海上交通に従事してきた芸予の島々や周辺の地域からも多くの漂流民が登場している。その一例として、瀬戸田の仙太郎が乗り合わせていた栄（永）力丸の面々を見てみよう。

栄力丸の遭難と漂流

仙太郎（仙八＝サム・パッチ、倉蔵、倉次郎）の乗船栄力丸が漂流状態となったのは、嘉永三年十月二十九日（一八五〇年十二月二日）であり、五十三日目に米国商船に救助され、翌嘉永四年二月二日（一八五一年三月四日）、サンフランシスコに入港している。一行十七人の出身地は次のようである。

播州（兵庫県加古郡播磨町）　万蔵（船頭）、安太郎、次作、甚八、浅右衛門、清太郎、喜代蔵、彦太郎（炊、彦蔵＝アメリカ彦蔵）

摂津（神戸市）　幾松、長助（梶取）

備中（岡山県倉敷市）　徳兵衛
芸予諸島（広島・愛媛県の島嶼部）
仙八（炊、仙太郎＝倉蔵、尾道市瀬戸田町、福田）
亀蔵（亀五郎、尾道市因島椋浦）
民蔵（帰国後は大吉、愛媛県上島町岩城）
紀州（和歌山県下津町塩津）　岩吉（ダン、伝吉）
讃州（香川県木田郡庵治町）　京助
伯州（鳥取県羽合町長瀬）　利七（与太郎）

サンフランシスコに到着した一行は温かく迎えられ、日本への関心を深めはじめていた同地の市民によって、歓迎の舞踏会に招待されたりしている（『アメリカ彦蔵自伝』平凡社）。また滞米中の一行の写真が、ニューヨークの新聞（ILLUSTRATED NEWS 一八五三年一月二十二日付）に掲載されていることも

ILLUSTRATED NEWS に掲載された記事

滞米中の仙八の写真（横浜美術館所蔵）

判明した（平成八年七月四日、朝日新聞夕刊）。その後の一行の動向は次のようである。

母国に向かった一行

嘉永四年二月二日（一八五一年九月四日）米国オークランド号シスコ入港、二月十七日（三月十九日）税関のポーク号に移乗
嘉永五年二月（一八五二年三月）米艦セント・メリー号に移り極東に向かう
閏二月十四日（四月三日）ハワイ着、病臥中の船頭万蔵死去、同地に葬る
四月二日（五月二十日）セント・メリー号香港着、米艦サスケハナ号（のちペリー艦隊旗艦）に移乗

こうして香港に碇泊中に、同地に住み着いていた肥前島原出身の力松が一行を訪ねてきた。力松は天保六年（一八三五年）に難破してルソン島に漂着した肥後川尻の庄蔵船の乗員の一人であった。その後マニラからマカオに送られ、一八三七年に米国商船モリソン号で日本へ送還されようとしたが、幕府の砲撃により失敗した。その際の七人の日本人漂流船員の一人であった。日本への帰国が挫折すると、香港に住み着き、アメリカ人女性と家庭を持っていた。彼は一行に艦隊を離れるように勧めたが、この時点では誰も応じなかった。

しかし、遠く本国を離れた艦内での待遇は急速に悪化していた。そこで、清太郎・浅右衛門・亀蔵・京助・徳兵衛・民蔵・岩吉・利七・安太郎の九人は、脱走して、清国政府に母国送還を願い出ようとした。しかし、脱出直後に追いはぎに遭った一団は間もなく帰艦している。

また、彦太郎（十六歳）・亀蔵（二十八歳）・次作（三十歳）の三人は、退役して帰米する水兵、トーマス・ロイに誘われて、香港から再度アメリカに向かった。再度、合衆国に現れた三人は、それぞれ独自に行動することとなった。彦太郎は世話人に恵まれて合衆国の市民権を取得、洗礼も受け、開国後の日本に現れ、アメリカ彦蔵の名で注目された。亀蔵は米国の商船に水夫として乗り組んでいるうちに、日本は鎖国から開国に転換して日米修好条約の批准の運びとなった。その使節一行を乗せた米艦ナイアガラ号が香港に入港した。たまたま乗務中の船が同港に入港した亀蔵は名乗り出た。漂流後、十年目であった。

遣米使節団の一員、野々村忠実は、「形状総テ西洋服ヲ着シ……常語モ叉用イルコト能ハズ……頻リニ帰国ヲ乞ヒ、涙ヲ流シ…」と日記に記している（『遣米使節史料集成』第一巻）。もう一人の次作も、安政六年に箱（函）館にたどりついている。

嘉永六年二月十一日（一八五三年三月二十日）サスケハナ号は、残留組を乗せて香港から上海に向かった。上海では、また、その風聞を耳にしたもう一人のモリソン号事件関係者、尾張出身の音吉が訪ねてきた。

音吉は、尾張国知多郡美浜町小野浦の宝順丸で、天保三（一八三二）年冬に遭難、翌年末に北米に漂着、インディアン集落で生活中に救出され、英国軍艦でロンドンに送られた三人組の一人であった。

ロンドンからマカオに送られ、モリソン号による日本送還が失敗すると、習熟した英語を駆使して英国系の商社に勤務、重要なポストに就いていた。この音吉の説得の結果、同年三月一日（四月八日）栄力丸一行の残留組は、ただ一人、仙太郎を残してサスケハナ号から退艦した。

この直後、ミシシッピー号で上海に到着した新任の司令官ペリーは、報告を受けると激怒し、音吉宅から一行を連れ帰るように指示した。しかし一行は音吉のはからいで雲隠れして、ペリー艦隊が出航したのちに音吉の邸に帰っている。下艦した栄力丸の一行は清国の商船で長崎に送還され、奉行所で取り調べを受けたのち、各藩に引き渡された。

一方、紀州（和歌山県下津町塩津）の岩吉は、待機中に脱走した。のち英国船に乗り組み、やがて日本に帰国してイギリス領事館の通訳となったが、万延元（一八六〇）年に攘夷派の浪士に暗殺される。

上海で一行を下艦させた音吉は、皆に強烈な印象を与えたらしい。伊予の岩城島（愛媛県上島町）に帰還した民蔵は、上海で世話になった音吉について、次のように語ったことが、隣島の大三島（愛媛県今治市）の此蔵の日記に書き残されている。「厚く世話にあい成り候、其の人（音吉）曰く、この国（清国）もイギリスに打ち負け、今はイギリスに随い候、遠からずうち、日本もイギリスの為に大乱あるべしと申せし由、岩城人より…話し候由」（藤井此蔵一生記『日本庶民生活史料集成』二、三一書房）

音吉はその後も帰国せず、国際舞台で活躍し、シンガポールでその生涯を終えたことが判明している（『The Career of Otokichi』シンガポール日本人会、Leong Foke Meng、雷少玲訳、二〇〇五年）。出身地の愛知県知多郡美浜町の「音吉顕彰会」の努力もあって、その遺骨は平成十七年にシンガポールから送付され、「故郷で永遠の眠り」についている（中日新聞、県内総合、同年二月十九日）。

かたくなに帰国を拒んだサム・パッチ

二度にわたり来日したペリー艦隊に乗り組んでいた一人の日本人について、米国側の公式記録である『ペリー提督日本遠征記』（大羽綾子訳、法政大学出版局）には、次のような記述が見られる。「アダムス大佐は浦賀奉行に一通の手紙を渡した。それは艦隊所属の一日本人がその友人に宛てたもので、水夫仲間では、サム・パッチ（三八）というあだ名で呼ばれ……乗組みの一人として正規にやとわれ、艦隊と共に第一回の日本訪問をし、今度は二回目という訳だ」

浦賀奉行に託された手紙が、その後どのように処理されたのか、記録は残っていない。しかし幕府当局は、直ちに当該藩に指示して事情を掌握したらしい。仙太郎の郷里、芸州生口島の福田（広島県尾道市瀬戸田町）の興福寺（住職・畑山秀道師）の過去帳余白には、次のような覚え書きが見られる。

今年、天神社開帳……十二月五日大風。当所ノ熊蔵子倉次郎、死候由申、法名付候処、其後アメリカノ舟へ乗来、又アメリカへ帰ル。実ニ不死、アメリカ人ト成也……

（元住職・故伊藤準蔵師のご尽力により確認）

仙太郎は同年二月中には、幕府役人の香山栄左衛門等の面接を受けている。その姿を先の『遠征記』は次のように記述している。

サム・パッチは日本の役人の前に連れて来られたが、かれはこの大官連を一目見ると、全く恐怖に打たれた様子でひれ伏した……アダムス大佐が頭を上げるように命じると、目も当てられぬ程恐れて、全身をわなわなさせながらうずくまった。

その後のサム・パッチ

故国を目前にしながら、必死に帰国を拒否した仙太郎ことサム・パッチに、一人の海兵隊員が接近してきた。キリスト教宣教師になり、東洋への布教を夢見ていたジョナサン・ゴーブルである。彼は除隊すると、仙太郎を連れてニューヨークに近い実家に帰り、ハミルトンの神学校に入学して東洋伝道熱に燃える学生組織「東洋協会」に所属した。サムも共に入学し、同じ寄宿舎で生活したが、中途で退学している。学校生活は苦痛であったのであろう。しかし、一八五八年三月には、ハミルトンのバプテスト教会で、日本人として最初のバプテストとなった。(『主のあしあと』、高松、第五号、一九七九年十月一日、宮地慶信氏寄稿)

バプテスト教会の宣教師となったゴーブル夫妻は、万延元年(一八六〇年)に横浜に上陸した。そのとき、サム・パッチも同道された。来日後、一家は横浜市神奈川区森川本町の成仏寺の境内の小さな家に住んでいた。ゴーブルは、貧しい生活にたえながら、明治四年に最初の日本語訳の聖書『摩太福音書』を刊行した。(拙稿「黒船の日本人水夫」、小寺篤・同誌編集部「波の間に間に」、『市民グラフヨコハマ』一九七八年増刊号所載)

この『摩太福音書』の翻訳については、仙太郎が大きく寄与したという見解と、否定的な見方がある。そこで、あらためてこの訳文を詳細に読み直してみると、平易に訳出された日本語には、明らかに広島県の東部地方の備後方言らしい言葉遣いがうかがえる。たとえば、随所に出てくる二人称の「おまい」や断定の「……じゃ」あるいは打消しの「……なんだ」等である。直接、翻訳はしていないにしても、ゴーブルが習得した日本語が、基本的には備後方言であり、この翻訳には、仙太郎の生命力が脈々と生き続けているのである。

やがて、仙太郎はゴーブルのもとを離れ、成仏寺に寄宿していたS・R・ブラウンやJ・H・バラー夫妻等に近づいている。その後、深い関係を持つことになったのは、来日して間もないE・W・クラークであった。クラークは、今は敗者となった徳川氏が静岡（府中）に開設した学問所に招かれた若い独身の教師であった。最

静岡城内のクラーク邸、右の小屋の前に仙八の姿
（静岡近代史研究会提供）

初は郊外の蓮永寺に、間もなく静岡城内に新築された二階建ての洋館に移った。サムは、その料理役として勤務、隣の平屋に漸く迎えた妻と共に暮らしていた。

明治六年、クラークは開成学校（東大の前身）に移り、料理人のサムも東京の人となったが、間もなく明治七年に病死した。朝野新聞（同年十月十五日）には、「米国人某のもとにて、三見某と云へる者死せり……」とある。この「三見」は三八君ことサム・パッチに相違ない。その葬儀の模様をクラークは次のように記している。「……妻や他の夫人達が人力車で続き……最後に中村とわたしが……しんがりをつとめた」（『日本滞在記』クラーク、飯田宏訳、講談社）

一緒に葬儀に加わっていた中村は、幕臣出身の優れた英学者で『西国立志編』の訳者としても著名な中村正直（敬宇）であった。静岡学問所以来の同僚で、キリスト教の洗礼も受けていた。明治三十四年に創設された弓削海員学校（弓削商船高等専門学校の前身）の校長として着任した小林善四郎の養父・小林伴七も幕臣で、中村家とは姻戚関係にあった由である（善四郎長女、故小林愛子氏談）。実父の力石勝之助は、幕末に箱（函）館奉行支配調役に就任した旗本であった。（「箱館奉行支配調役力石勝之助文書」）

葬儀の列が向かったのは、中村家の菩提寺、日蓮宗の本伝寺（東京都文京区）であった。

この中村家の墓地に「三八君墓」が、そしてのち、そのかたわらに中村家によって次のような銘文を刻んだ石碑が建てられている。

三八君安芸の生まれ、本名仙太郎、米名サム・パッチ、幕末ジョセフ・ヒコ等と難波（ママ）漂流し、米船に救われ……帰米後日本人最初のバプテスト派洗礼者となり、再びゴーブル牧師と共に来日し、聖書摩太福音書（全文ひらがな）の翻訳に協力した。その後、クラーク教師に仕え、晩年は敬宇先生（中村正直）の馭者として生涯を終わる。明治七年十月八日死、行年四十一歳

こうして、洗礼を受け、帰国後も滞日中の宣教師たちと親しく交わっていた仙太郎は、帰国後も、ついに一度もその郷里、生口島の土を踏むこともなく、その波乱の生涯を閉じたのであろう。（拙著『幕末漂流伝』ＰＨＰ研究所刊に詳細）

三　永井重助―福宮丸の海難と対米賠償交渉

海上交通と地域の歴史

瀬戸内海は、日本の歴史が展開した重要な舞台であり、それを支えたのは海上交通の発展であった。しかし、その陰には、多くの悲劇、海難事件が隠されており、その研究も進められてきた。ただ、国際的な海難事件の調査は漸く開始された状況である。

国際的な海難事件は、特に幕末から明治初年にかけて激増した。欧米諸国の艦船が本格的に往来し始めたからである。瀬戸内海でも特に、芸予海域では多発している。そのほとんどは、諸外国の蒸気船や軍艦と日本の「風帆船」の衝突であった。

国際的な海難事件について、政府当局は詳細な記録文書をまとめ、積極的な外交交渉も展開した。関係文書は、現在、外務省所管の外交史料館に収蔵されている。本稿で追跡する福宮丸事件については、「安芸国野賀沖ニ於テ広島県平民永井重助所有風帆船福宮丸へ亜米利加国軍艦アシュロット号衝突ニ係ル損害要償一件」（自明治七年、至明治十九年、以下、一件書類と略記）が残されている。提訴したのは、廃藩置県後に設けられた「大区小区制」時代の安芸国豊田郡第九大区十三小区垂水村（現尾道市瀬戸田町）の永井重助であった。

加害艦船を追跡した五年の歳月

先の一件書類には、「自明治七年……」と付記されているので、外務省当局がこの事件に直接関与し始めたのは明治七年に相違ない。一方、永井家所蔵の関係史料によると、この海難事件は明治二年に発生したとある。何故、この約五年間の空白が生じたのであろうか。一件書類中の、広島県権令伊達宗興宛に重助が明治七年に提出した嘆願書を見てみよう。

私儀持船福宮丸……沖船頭宮松以下六人乗リ、去ル明治二年六月……故薩州侯御用物、摂州兵庫回リ石炭……積ミ入レ……同二十三日、当国豊田郡大崎島野賀沖ニ潮待チ仕リ居リ候所、翌二十四日午前七時、船号不知ノ外国蒸気船一艘、不意ニ通船仕リ……忽チ上ハ棚ヘ車乗リ懸ケ、其ノママ乗リ過ギ候ニ付、福宮丸破船……終ニ積荷ノママ沈没……

永井重助

その後、重助は明治七年に長崎県下で提訴するまで「船号不知」の加害船を次のように追跡している。

……故郷垂水村出立、九州路下ノ関ヨリ、唐津、平戸、長崎迄罷リ越シ、同（明治三年）三月、兵庫へ罷リ登リ……綿密探索ヲ遂ゲ候折柄、神戸松屋町吉蔵ト申ス水先ノ者、外国船ヨリ罷リ帰リ候ニ付、面会、相尋ネ候所……横浜ノ利七ト申ス者能ク承知致シ居リ候趣申シ聞カセ候ニ付、横浜ニ立チ越シ、外務御局ニテ相伺イ……早速罷リ越シ候得共、利七儀、九州路下向ノ留守ニ付……利七帰宅ノ上、面会ヲ得テツブサニ相尋ネ候所、利七申ス様、此ノ船ハ亜墨利加国ノ軍艦「アシウラ」ト申ス船ニテ……同月（明治二年六月）二十日、横浜出帆、同二十三日、備後国田島ニ係リ、翌二十四日明ケ方、同所出帆、芸州大崎島ニテ汐待チ船ヲ乗リ切リ、御洗沖ニテ外車ノ刎ヲ直シ……長崎ニ着船……（同前）

こうして、漸く利七が乗務した外輪式の合衆国軍艦（アシュロット号）が加害艦船であったことが判明した。先に登場した水先案内（パイロット）、神戸松屋町の通称吉蔵は、本名北野由兵衛、因島の椋の浦出身であった。『内海水先人会百年史』（同会発行）には、次のような記述が見られる。

明治九年の「水先免状規則」制定以前は、北野由兵衛、富田市兵衛、モールマンその他の外国人が水先を行っていた。……明治十年、水先免状規則が施行され、最初の試験が実施され、合格した十五名が水先免状を取得した。内海関係は六名でモールマン、北野由兵衛も合格した。

このように北野は、明治十年に水先免状規則が制定される以前、多分、幕末から水先案内を務めていたのであろう。もともと、彼の郷里、因島の椋の浦は回船業の盛んな地域であった。椋の浦船籍の帆船は数十隻に達した時期もあり、船乗りの輩出地でもあった。戊辰戦争の動乱期に榎本武揚配下の美加保丸の船長であった茶屋宗作こと青木忠右衛門もその一人であった。また、北野由兵衛は「水先案内として将官待遇を受けた」と『因島市史』は記している。

この北野由兵衛（吉蔵）や横浜の利七の情報によって、重助は、横浜から再度九州に向かっている。

……其ノ「アシウラ」ト申ス船、当時、何国ニ居リ申ス可キヤト相尋ネ候処、長崎近海ニ居リ候半バト申スニ付、直チニ東京、横浜表ヲ仕舞イ、同十月十日帰郷仕リ、同二十日、再ビ故郷ヲ出、長崎ニ便船ヲ得テ罷リ下リ、外務御局並ニ水先キ宿浪ノ平、周防屋等ニテ聞合セ候処……「アシウラ」船当地へ罷リ越シ候事実相違コレ無ク……

其ノママ御裁判願イ奉リ候処、芸州ヨリノ御添翰（添え状）コレ無クテハ、御採リ揚ゲ相成リ難ク候ニ付、神速帰国仕リ、上訟仕リ度ク存ジ奉リ候所、是迄無量ノ手数ヲ究メ、漂白、艱難ノ為ニ旅費モ尽キ果テ、進退相窮リ候ニ付、其ノママ平戸ニ寄留仕リ、海軍省御出張所ノ御慈悲ヲ蒙リ、僅カニ露命ヲ繋ギ……故郷ニ残シ置キ候老父妻子迄慕イ来タリ、共ニ平戸大瀬村ノ寄留所ニテ、海軍省御出張所ノ御恩沢ニ浴シ、生命ヲ保チ居リ申シ候（同前）

重助は引き続いて嘆願書に、当時の張り詰めた心境を次のように綴っている。

前件ノ次第ニテ星霜ヲ重ネ、私先祖重代所持仕リ候田園、家屋敷、諸道具迄残ラズ抛チ、粉骨砕身ノ労ヲ厭ワズ、捜索ヲ究メ候旨趣ハ、偏ニ私一人ノ怨意ヲ晴ラシ候ノミニハ之レ無ク、是レ大日本国中ノ船共、度々外国船ニ乗リ切ラレ、或イハ落命シ、財ヲ失イ、暗ニ難渋ニ陥リ、永世ノ遺恨ヲ挿ミ候者モ少ナカラズ、斯クテハ万国協和ノ信義ニモ悖リ……切歯痛憤ニ堪エズ、一身ヲ捨テ……

嘆願書提出に明け暮れた十数年

提訴を受けた広島県権令伊達宗興は、被害船主の嘆願書を添えて外務卿寺島宗則宛に、明治七年三月十七日付で「外国船へ関係之事件に付伺」を提出している。添付された嘆願書には、担当役人の手によって二つの付箋が付された。一方には、「六、七年前過去ノ事ナレバ……寧ロ諭シテ、此ノ願書ハ下ゲル方ナラン」、別の付箋には「(福宮丸)碇泊中ナレバ、彼ノ船ノ乗リカケシハ十分……水先二名ノ口書ヲ取リ……結局ハ如何相成ルヤ期シ難キト雖モ、後來ヲ警ムル一端ナリ」と記されている。結局、この時点では、消極論が採択されて願書は却下された。

しかし重助は断念せず、その後も請願を続け、間もなく外務省も在米公使に命じて福宮丸の海難事件について合衆国に照会させた。当年の外務大少丞宮本小一が、広島県中属林良之等と共に積極的に動いた結果であった。宮本小一(一八三六〜一九一六)は、元静岡藩士で幕末に神奈川奉行支配組頭、幕府倒壊後は外国官(のちの外務省)御用係となった開明派の官僚であり、晩年、元老院議官に推されている。(『日本外交史辞典』)

一方、米国側は、アシュロット号の艦長からの報告により、明治八年八月七日付で広島県権令宛「従米国到来八ケ条ノ答申」をした。その第一条には、「日本船、アシュロット号ト衝突ノ節ハ、停泊中ニモコレ無ク……櫂ヲ漕ギテ海峡ヲ横切リ居リ候」とあり、福宮丸側の「全ク停泊中ニ相違コレ無ク……」と完全に対立していた。

重助は直ちに、「従米国八ケ条答書」で、「停泊中」を主張し、引き続いて請願をくりかえした。その間、資金的に行き詰まると、明治九年二月には、「拝借金上願」の嘆願書を二度にわたり広島県権令に提出している。その後も、先の広島県権令や後任の県令に対して次のような要請をしている。

明治九年二月二十八日　「福宮丸破船之儀ニ付米国航海之儀、再願シ奉ル」

明治九年四月　「官林雑木ノ枝打御下願」

明治十三年三月八日　「官山悪木御払下嘆願」

明治十三年三月十九日　「官林樹木御払下之義ニ付再願」

明治十四年（月日不詳）「比治山松焼木御払下願」（重助長男、永井重太郎名義）

こうして単身渡米を決意した重助は、経費捻出のために各種の払い下げ願も提出したが、空しく却下された。しかし、広島県庁や外務省内の鋭意な官僚によって、対米交渉は長期にわたって継続され、ついに合衆国側も重助の主張を認めることとなった。賠償金も支払われることとなり、重助は明治十八年七月十八日に、「損害金下ゲ渡シ願」を提出している。

ところが、同年十月二十一日には、急遽、外務卿井上馨に宛て次の電報が発信されている。

フクミヤマルニツキ、サルジウゴニチテイシタウケトリシヨハトリケス、イサイハ

シヨメンニテジヨウシンス（福宮丸ニ付、去ル十五日呈シタ受取書ハ取消ス、委細ハ書面ニテ上申ス）

賠償金の受取り拒否、帝国議会へ請願

実は、明治十七年十一月二十二日付で、外務卿代理吉田清成より合衆国特命全権公使ジョン・エ・ビンガム宛に送付された損害計算書には、直接的な損害金額だけしか記載されていなかった。米国公使ジョン・エ・ビンガムは、西暦一八八五（明治十八）年二月二十一日付の文書で「約十ケ年間ノ利子ヲ付スル様要請セシ旨」を外務卿井上馨に伝えていたが、外務卿代理の吉田は、重助が要請していた追跡調査に要した経費や利子については計上していなかった。そのため、重助に対して内示された賠償金額には、次のようにその他の経費は含まれなかった。そこで重助は断固、受け取りを拒否したのである。

福宮丸代価	九五〇円
積荷代価	六一六円
諸道具流失損失	一五〇円
難破現場費用	一五四円六七銭

計　　　　二〇七〇円六七銭八厘《（ママ）》

破船、船具および取り揚げたる石炭の売上代価　九〇円八九銭四厘

差引総計　一九七九円七八銭四厘

明治十八年八月三十日付で重助が広島県令宛に提出した「御推問ニ付上申」には次のように記されている。

……計算書差出シタル如ク、吾邦通貨四千七百二十九円七十八銭四厘ノ損失……被害後今日迄、民間至当ノ利子ヲ以テセバ、元利合セテ莫大ノ金額……

提示された賠償金額（千九百七十九円余）に対して重助は、倍額以上の損害賠償（四千七百二十九円余）を求めていた。その中には、追跡調査に費やした経費も含まれている。それに当該期間の利子を加えると、確かに差額は大きい。重助は先の上申書に続いて広島県令に、「御指令催促願」（明治十八年十一月二十三日付）を、また外務卿井上馨に対して、「御明教願」（同年十一月二十三日付）等を提出した。しかし、政府当局としては、合衆国議会の決済を経た賠償金額について、異論を唱えることはもはや困難であったのであろう。外務卿から広島県令に指示して、幾度か重助に勧告、説得がなされ、ついに翌明治十九年十月二十八日に重助は、「米国政府ヨリノ弁償金領収書」を提出した。

しかし、重助の不満は消えなかった。これまでに提出した請願書を一冊の書物として発行することを決意し、明治二十二年一月、ときの外務大臣伯爵大隈重信宛に、「日本形船福宮丸被害事件ニ関スル書類出版ノ件ニ付伺」を提出した。外務省は、「永井重助ヨリ御明示願ナルモノ差出候処、右ハ当省ニテ受理スベキモノニハコレ無ク……」と却下している。

間もなく、大日本帝国憲法が発布され、帝国議会が発足した。すると、重助は改めて貴族院と衆議院に宛てた「請願書」を広島県選出の帝国議会議員の紹介により、明治二十四年三月十三日付で提出した。さらにこれまでに提出した主要な請願書類を集録した冊子、『請願書』(七十余頁)を印刷して、「両院諸侯、御参考ノ為メ各一部ヅツ呈上」した。その冒頭には次のように記されている。

……米国国会ノ決議ヲ経テ、要償金額ノ半バヲ得タリ……然リト雖モ……尚残額ノ始末ニ至リテハ、或イハ圧制、或イハ無責任ノ処置ヲ取ラレ……願クハ、正理公道ノ存スル処ニ由テ明裁ヲ下サレ……二十有余年ノ積鬱ノ枉屈ヲ伸バサレン事ヲ……

重助は『請願書』刊行後間もなく、明治三十三年一月六日午後八時(戸籍簿の記載)に没し、郷里の瀬戸田町垂水の長光寺(現住職、用元一雄師)に葬られた。享年、六十六歳。その戒名「剛山道毅居士」は見事に彼の生涯をとらえている。しかし、重助の「積鬱」は未だに消えてはいない。また重助以外に、全く未解決の「積鬱」を残した国際海難事件も少なくない。今後、難題に取り組んだ新鋭官僚諸氏の足跡と共に総合的な研究、解明が待たれている。

長光寺の墓碑（尾道市瀬戸田町垂水）

参考文献

『瀬戸田町史』通史編、資料編

「明治二年・米艦による福宮丸乗り掛事件と賠償交渉」（柚木学編『瀬戸内海水上交通史論』文献出版　所載　拙稿）

「福宮丸の海難と対米賠償交渉」（日本海事史学会『海事史研究』第三二号所載　拙稿）

四　水先人　北野由兵衛―千島艦衝突事件

松山沖で発生した国際海難事件

松山市堀江町の浄福寺の境内には、巨大な「千島艦遭難碑」と正岡子規の「もののふの河豚にくはるる悲しさよ」の句碑が建っている。一八九二（明治二十五）年十一月三十日の未明に、松山沖の釣島水道で発生した国際海難事件による犠牲者を悼んだものである。

帝国軍艦千島は、軍備増強を急いでいた明治政府が仏国のロアール造船所に発注した排水量七五〇トンの水雷艇を兼ねた小型の砲艦であった。その回漕には、日本から派遣された艦長心得　鏑木誠大尉以下の帝国海軍兵士とフランス人技師等があたっていた。

日清戦争を目前にして、七十余万円の巨費を投じた軍艦が祖国にたどりついた瞬間に衝突沈没した。相手船の英国商船ラベンナ号は、

千島艦遭難碑

三千余トンで、小型の千島艦の方が沈没し多数の犠牲者を出したのであった。

当時、松山出身の正岡子規は、東京の日本新聞社に入社したばかりであった。悲報を耳にすると早速、新聞『日本』に次のような記事を寄せ、先の一句を寄せている。

海の藻屑　　奔浪怒涛の間に、疾風の勢をもって進み行きしいくさ船、端なくとつ国の船に当たるよと見えしが……渦まく波に隠れて跡なし。軍艦の費多しとも、金に数ふべし。数十人の貴重なる生命如何。数十人の生命猶忍ぶべし。彼等がその屍と共に魚腹に葬り去りし愛国心の価い問はまほし

もののふの河豚に喰はるゝ哀しさよ

子規の句碑

この句は、句集『寒山落木』に「千島艦覆没」と題して収められている（『子規全集』第一巻）。

同年十二月二日の官報には、「乗組員九十人ノ内、ラベナ号ニ救ハレタル者ハ、士官以上二人、下士官以下十三人、仏国人一人、即十六人」と報じている。

窮地に立った明治政府の動き

当時、東亜の新興国日本は軍備の増強を急ぎ、清国の北洋艦隊に対抗しようと、英仏両国に発注して建艦競争に奔走していた。しかし、その回漕の途中、明治十九年には、巡洋艦畝傍（排水量三六〇〇トン）が南シナ海で遭難する（行方不明となる）事件も発生していた。再度の遭難事件に、重税にあえぐ国民の不満も高まり、新聞論調は厳しかった。「先には畝傍艦の行方不明事件あり、其の代艦千島亦衝突沈没、あゝ軍艦が商船の為に沈められて、回航乗組員七十余名無残の最期……」といった論調である。

開設されて間もない第四回帝国議会（通常議会、明治二十五年十一月〜翌年二月）においても、野党によって厳しく追及された。この会期中に杉田定一等は「海軍改革建議案」を提出している。（帝国議会議事録、衆議院第五巻）

政府は海軍軍法会議（覆艦取調委員会）の審議を急がせた。翌明治二十六年一月二十八日、『東京日々』は次のように報道している。

軍法会議は遂に去る二十五日を以って、左の如く無過失の宣告を与えたり（中略）其の証拠は、被告人海軍大尉鏑木誠……等の訊問調書、長崎地方裁判所において為したる証人・ラベナ号水先案内人北野由兵衛の調書、神奈川英国領事裁判所の審問調書、軍艦千島航路図面に徴して明瞭なり（後略）

海軍軍法会議の結論は明確に千島艦側を「無過失」と断定している。しかしこの時点では、すでに前年の明治二十五年十二月二十五日、横浜のイギリス領事館によるラベンナ号船長以下の乗組員に対する海難審判は終結し、大要次のような裁決がなされていた。

英国商船ラベンナ号は、航海の規則を遵守したものであり、衝突の際の救助方法は、また非難すべきところはない。故に船長その他乗組員一同は無罪である。

（渡辺加藤一『海難史話』海文堂出版）

こうした事実を知った日本政府当局は、逓信省管船局長に命じて「審問口供謄本を入手しようとしたが、拒否された。そこで、長崎船舶司検所長に命じて、口供が掲載された英字新聞を入手するなど苦心があった」という。（『海難審判史』高等海難審判所編）

こうして事態は「双方とも免訴と無罪、是非は法廷で」（『時事』明治二十六年一月二十八日）という事態となった。海難事件の審問は、両者が立ち会って審理されるべきものであるが、千島艦については軍法会議、ラベンナ号についてはイギリス領事館の審問という形態となり、「双方とも免訴と無罪」という結果となった。当時は不平等条約の制約下にあったことも影響したのであろう。日本側の関係機関は、ラベンナ号に乗務していた水先案内人（パイロット）の北野由兵衛を追及することに専念している。

海運関係の機関では、長崎船舶司検所において海員審問に付し、明治二十六年四月一日、「臨機ノ処置ヲ施スニ当リ、其ノ時機ヲ失シタルモノト認定」し、所有の水先免状を「自今三箇月停止」の判定をくだしている。（森島逸男『海難審判制度史』成山堂書店）

この海員審問に先行して、当時の司法省は外務省と連携して水先人の北野を刑事訴追に付す方針で動いていた。すでに前年の明治二十五年十二月十六日、司法次官 清浦奎吾は、外務次官 林董に宛て「本月十五日、予審ヲ求メタル旨、長崎控訴院検事長大島貞俊ヨリ報告有之」と記載している。（外務省、千島艦事件関係書類）

帝国軍艦千島（『海軍艦艇殉難史』より）

間もなく北野は、「過失殺傷被告」として予審に付され、予審判事は、「軽罪公判ニ付ス」と決定、北野は予審終結決定によって、長崎地方裁判所において刑事事件として公判に付されることとなった。明治二十六年二月二十四日、長崎地方裁判所は「被告人北野由兵衛ヲ罰金弐百円ニ処ス、裁判費用ハ刑法第四十五条ニ依リ全部被告人ニ科ス」と判決をくだした。

どちらの側に過失があったのか

先の審理の経過を見ると、刑事裁判の方が先行して判決をくだし、海難審判の判定がそれに続いている。しかし、これでは混乱が発生するので、千島艦事件以後は海員審問を先にし、刑事訴追を後にするように、逓信、司法両大臣は協議して改めている。

この千島艦事件を客観的な資料によって改めて検討し、ラベンナ号よりも千島艦側に基本的な操船上の過失があったという見解も出現している。多くの海上要員を輩出してきた弓削商船高等専門学校の学芸部の部誌『海事史研究』九号（昭和五十九年）への寄稿、「現行航海法規からみた軍艦千島衝突沈没事件」（木村孝茂、当時、第一中央汽船勤務）は、次のように解析している。

海上衝突予防法（現法）第九条「狭い水道等」の第一規定、「狭い水道又は航路筋をこれに沿って航行する船舶は、安全であり、かつ、実行に適する限り、狭い水道等の右側端に寄って航行しなければならない」という規定に従ってなく、また、仮に同法第十四条「行会い船」の航法、つまり「二隻の動力船が真向かい又はほとんど真向かいに行き会う場合において衝突するおそれがあるときは、各動力船は、互いに他の動力船の左げん側を通過することができるようにそれぞれ針路を右に転じなければならない」が適用されると判断される場合においても、ためらわず右転すべきではなかったのではなかろうか。

しかし、英国商船に乗務中の水先人の北野は、抗告も諦め、判決に従うことになった。このように北野への対応は極めて迅速で厳しいものであった。しかし日本政府のイギリス側への対応は、緩慢であった。事件発生後、半年も経った明治二十六年の五月六日に漸く英国領事館に提訴し、P&O汽船会社を相手取り、八十五万円の損害賠償を要求した。これに対し会社側は逆に日本側の責任を問い、損害賠償金十万円の反訴を提起した。しかし領事裁判所は、この反訴を不当として却下したが、会社側はこれに服さず、上海のイギリス高等裁判所に控訴した。高等裁判所では、横浜の第一審を覆し会社側を支持した。そこで日本政府は、さらにイギリス上院に上訴させた。上院は一八九五（明治二十八）年七月に、横浜の判決を復活し、訴訟費用を被告の負担とした。こうして、本訴は再び横浜で開廷されることとなったが、イギリス外務省の斡旋により和解が成立した。こうして三年もの月日と十二万余円の費用をかけた日本政府は、P&O汽船会社から一万ポンド（九万九百九十五円）の賠償金を得たに過ぎなかった。この間、厳しい政府攻撃もなされ、「第五帝国議会では、鳩山和夫（のち衆議院議長、筆者）等が激しい論議を展開した」。（『日本外交史辞典』外務省編纂委）

北野由兵衛の生涯

長崎地方裁判所の予審終結決定書および判決謄本のはじめには次のように記されている。

兵庫県神戸市山手通三丁目十八番屋敷
平民　水先案内営業
当時長崎県長崎市平戸町二十七番戸　井上タイ方止宿
北野由兵衛　明治二十六年二月　五十八歳七ヶ月

逆算すると、一八三四（天保五）年の生まれと推察できる。当時の住所は神戸市であり、止宿先は長崎市となっているが、その出身地（本籍）は記載されていない。実は、北野は尾道市因島椋ノ浦の出身であった。『尾道文化』（二六、二七号）の小論でも触れたように、椋ノ浦は村上水軍のころからの有力な前線基地であり、江戸時代にも多くの船主や帆船乗りが輩出され、幕末から明治初年にも多くの先駆者が活躍している。『因島市史』（青木茂編、同市編纂委）には、次のような記述が見られる。

維新前後の動乱期、特に幕府海軍部隊、戦後は明治政府の海上勤務をしながら重要視された仲間に、伊藤増吉、北野由兵衛（明治二〇年代、帝国軍艦を香港から回航、水先案内として将官待遇を受けた）……維新の混乱期に船員として活躍したものが多かった。

（第四編　経済、航運業、向井鶴太郎談）

将官待遇を受けた北野が「帝国軍艦を香港から回航」という史料は未確認であるが、この時期に帆船の船頭として活躍した人たちが、水先案内人（パイロット）の資格を取得して活躍したのであろう。『日本パイロット協会史』（同協会編）にも、次のような記述が見られる。

明治九年十二月制定、十年一月施行された「西洋形船水先免状規則」の規定により、神戸港初代港長の John Marshall（イギリス人、一八三九～一八八七）船長が、応募者に対し水先試験を行っている。彼は、明治四年二月兵庫県庁の招請により横浜から赴任したのであるが、John James Mahlmann（ドイツ系イギリス人、一八三八～一九三〇、元三菱会社船長）、北野由兵衛及び富田市兵衛の三名が彼の試験に合格し、明治十年水先免状を授与された（免状第一号 Mahlmann、二号北野、三号富田）。北野は明治三年から水先に従事していたが、富田は北野をまねてこれに続いたと言われる。両人ともともと和船乗りであった。

しかし、「二号北野」と記されている北野の水先免状は、高等海難審判庁所蔵の『水先人北野由兵衛審問書類』によると、第十号である。神戸港関係者では「二号」、日本全体では十号なのであろうか。

北野由兵衛の没年は不明であるが、尾道市因島椋ノ浦の墓籍簿（明治二十八年調）には次のように記されている。

管理人　北野由兵衛

俗名　兵之助　　天保六年六月十九日亡

俗名　妻ハナ　　天保九年九月十三日亡（以下略）

同地の八幡神社には、北野由兵衛奉納の幟が秘蔵されていた（『千石船椋之浦』因島文化協会刊、著者 平沢文人談）。

第二部

未来を夢見た先輩たち

五　田坂初太郎―海運創成期のパイオニア

おいたち

瀬戸内海のほぼなかほど、燧灘に面した弓削島は、愛媛県下では最北端に位置している。海峡ひとつを隔てて広島県に接しているこの小島は、周囲わずかに二十キロメートルにすぎない。江戸時代、弓削島には、上弓削・下弓削の両村があり、元禄二年（一六八九）の検地帳にみられる石高は、上弓削村は四百十一石三升、下弓削村四百十五石七斗一升八合、あわせて八百二十六石余、今治藩の支配地であった。（注1）

初太郎は、幕末の嘉永四年十二月八日（『日本ペイント百年史』）、一説に嘉永五年十二月十五日（『弓削村誌』等）、この島内では、当時、下弓削村に属していた浜都と呼ばれる集落で誕生した。浜都は燧灘に沿った白砂青松の地で、はるか沖合は、瀬戸内の主要航路すじにあたり、帆船の往来も盛んであった。

父は田坂富五郎、母は米子といった。彼の自叙伝『努力四十年』（大正六年刊）の〝予の家系〟の部に次のような記述がみられる。

田坂氏は藤原氏より出づ、大織冠藤原鎌足の後裔俵藤太秀郷八世の孫を大友左近将監能直と云ふ、其五世貞宗に至り、子氏時をして、別に一家を興さしめ、其子氏重に及び初めて田坂と称す。是れ田坂家の始祖なり。而して田坂氏は氏重より数世、下野に居城したるが、義忠の代に及び移りて芸州に来り、小早川春平に仕へ、采地五万石を領し小坂稲村城に居たり……義政に至り、伊予国弓削村に移る。法名観道慈寛大徳、即ち是なり。予は其七世の孫として田坂家を継ぎ……。

弓削島は、平安時代の末から塩の荘園として知られており、鎌倉時代には、東国地方から地頭が入島している事実もあり、また室町・戦国時代になると、中国地方の小早川一族の勢力が、芸予諸島一帯にのびてきている。田坂家の家系は、こうした歴史的背景を反映したものなのであろうか。

しかし〝数世富み昌へたるが、父の代に至り家運大に衰へたるを以て、予は自ら決するところあり、家運挽回の重任を一身に負ひ、明治四年三月、父母に別を告げ、姉妹及弟を後に残し、故郷弓削村を出立して神戸に向へり〟ということになった。(『努力四十年』、以下、特にことわりのないものは、この自伝より引用)

初太郎は、その名のように、田坂家の長男として生まれた。後年、彼が、東京に寄留したのち、父の田坂富五郎が、兄の春富源三郎と甥の浜田喜与吉の連署で、明治十一年五月に愛媛県庁へ提出した〝長男分籍之儀に付願〟には、次の文面がみられる。

長男初太郎、元来農業を嫌い、幼少より出稼を相好み、明治四年より東京府下第七大区二小区南品川へ寄留致し其地の懇篤なる者と結社商法の見込立ち、その土地に籍無くば差支あり、就ては仝人より跡相続人は弟為松を以て相定度旨申越候、尤も長男を分籍して次男を相続せしむる事、容易ならざる儀かねて承知致居候へども、右之次第に付ては親族一同協議の上、為松を相続人に相立て、長男初太郎は品川へ分籍せしむる事やむなき次第、何卒御洞察の上、御聴許相成度願上候（注2）

この分籍願には〝元来、農業を嫌い、幼少より出稼を相好み〟と記されている。しかし、このような傾向は、ただ初太郎一人にみられたものではなかった。急速に増加しようとしていた。特に農耕地のかぎられていた芸予諸島一帯では顕著であった。次頁の表にみられるように、江戸時代後半、急増し始めていた島方の人口を支えたのはこうした〝出稼ぎ〟であったに相違ない。

彼が弓削島をあとにしようとしていた頃の田坂家の状況について、初太郎の二女 松本仲代（初太郎の末弟、為松の養女）は「祖父の失敗にて家運がかたむき、弟一人女六人の生活は決して楽ではなかったようである。」と述べている(『追憶』昭和五十二年刊)。

彼の下には、明治四年当時、きち(安政五年生)十三歳、むめ(万延元年生)十一歳、たつ(文久三年生)八歳、為松(慶応元年生)六歳、あい(明治元年生)三歳といった弟妹たちがひしめいていた。

その頃、初太郎の父富五郎は、賭博に手を出し、もと網元として知られていた田坂家の面かげは失われ

天保15年伊予越智島出稼状況

島	村	他領(国)稼							領内稼		
		日傭稼	船稼	大工稼	桶師稼	鋳掛稼	塗師稼	石工稼	日傭稼	大工稼	桶師稼
大三島	肥海村		21		1						
	大見村	21	5								
	明日村	7	4		3				18		
	宮浦村	42	4	11					1		
	台村	68	25	21					11		
	野々江村	51	27	4	1				29		
	浦戸村	8	7	1					9	1	
	瀬戸村	41		11					26		
	甘崎村	102	12	27	47	3	1	1	6	27	2
	井之口村	130	29						5		
	盛村	13	20								
大下島(含小大下島)	大下村	43							26		
岡村島	岡村	58	34								
生名島	生名村		56								
岩城島	岩城村	44	226						2		

(出典:青野春水「近世瀬戸内海島嶼村落における出稼と株・受」、『瀬戸内社会の形成と展開』(雄山閣)所収)

ていたという。没落していたという点では、古老たちの伝承は一致している。網元説についても、特に確かな証拠がある訳ではないが、さきに紹介した初太郎の分籍願に連署していた春富源三郎（富五郎の兄）の春富という姓は〃もと鯛網業を本業としていたので、大漁の吉兆を意味する春富（はるとみ）を称した〃という指摘もある。（注3）

いずれにしても初太郎が、その幼少時代に、借金とりに追われる父の姿に接して、奮起を誓ったというのは、あながち誤った伝承ではないであろう。

黒船の水夫

明治四年（一八七一）三月、彼は神戸をめざして旅立った。そこには、和船の水夫頭をしていた姉婿の徳太郎がいたので、その手引きによって、汽船に乗り組もうとしたのである。ときに初太郎は満十九歳三ケ月、当時の表現（数え）では二十一歳であった。

神戸まで、どのようにたどりついたかは、今日では、もはやたしかめようもない。尾道まで渡海船で行き、そこから便船に乗ったのか、あるいは何かの便があって、弓削から直接、神戸に向かったものか。当時は、むろん鉄道もなかった。しかし、その初太郎は、春三月というのに、ゆかた掛け姿に、風呂敷包みひとつで、懐中は無一文であったという。

こうした話は、すべて伝承であり、確認のすべもない。しかし、初太郎は、その幼少時代に、その郷里で一定の教育を受けており、決して文盲ではなかった。〃予は、元、寺子屋に於て極めて粗末なる教育を受け、常に無学を以て甘んずる者なりと雖も、而かも心の修養は常に之を怠らず〃と述べているからである。彼が学んだ寺子屋は、下弓削村のどの寺子屋であったのだろうか。『愛媛県教育史』（影山昇著）によると当時、この村には堪堂師（僧）と宮原要（神官）が経営する二つの寺子屋があったのだが……。

当時の神戸は、いまだに寒村で〃荻汀に繁茂し、海に面する一帯の地は、唯田と畑とのみ〃という状況であった。しかし湊川神社の周辺には、幾つかの西洋館もあり、碧眼に赤いひげの白人が出入りするのを見かけたという。その異様な風俗に驚き、むくつげなる男性が、美しい婦人をいだきながら往来を通行する様子を眼を丸くしながら眺めたのである。

姉婿、徳太郎は、早速〃予を帯同して神戸に在る郵便蒸汽々船会社を訪ひ、監督に面会して其社の船員とならんことを懇願したるに、監督は簡単に予の体格を検し且一通り其志望を訊問したる後、直ちに之を承諾して水夫見習に採用することに決した〃。

日本郵船株式会社の『七十年史』によると初太郎が就職したのは〃日本国郵便蒸汽船会社〃が正式の呼称であり、彼が就職した当時は廻漕取扱所という名称であった。この汽船会社について初太郎は次のように述べている。

郵便蒸汽々船会社は、日本に於ける汽船会社の嚆矢にして、使用の船舶は元幕府に属したるを、王政維新後、明治政府の手に之を回収して、和歌山藩士岩橋某に之を貸付けたるなり……而して会社使用の船舶は政府の所有するところなりしを以て、明治八年台湾征討役終了の後、参議大蔵卿大隈重信は、船舶全部を回収して、岩崎弥太郎に之を貸下ぐることゝなりし結果、郵便蒸汽々船会社は止むを得ず解散することゝなれり。

しかし解散したのは、数年も後のことであり、初太郎はまず〝水夫見習となり、千里丸（八百屯）に乗組み、月給二円五十銭を受くる〟ことになった。千里丸は、先出の日本郵船株式会社の社史によると千二百九屯とされており、慶応三年（一八六七）建造の鉄製船舶である。

この船は〝船長、運転士、機関長及機関士等悉く英人より成り、神戸を起点として大阪に至り、其より横浜に赴き、品川沖に達して、神戸に帰還する順序にて、一航海に一周日乃至十余日を費したり……〟といったぐあいに神戸・東京間を往復した。

当時は、東京・阪神間には鉄道が無かったため、旅客は海路を主とした関係で〝船客は常に室内に充満する有様にて、会社は月々莫大の利益を挙ぐる〟という盛況であったという。

当時、一般的な傾向であったとはいえ、高級船員はすべて外国人によって占められていた、この貨客船での勤務について、初太郎は何も記していない。しかし、ときには、下級船員の日本人乗組みは、外国人船員によって唾を吐きかけられたり、蹴り上げられることもあったと伝えられている。月給二円五十銭の出稼ぎ見習い船員の勤務も、決して楽なものではなかったであろう。黙々と技術の習得につとめる初太郎の胸の内には、どのような想いが秘められていたであろうか。ただし、当時の彼は将来、英米等の外国人に伍して、船長・機関長といった高級船員になりたいとか、なり得るなどとは、夢想だにしていなかったであろう。見習い船員としての六ケ月は無我夢中のうちに過ぎ去っていったに相違ない。

ついで乗り組むことになったのは、千里丸の姉妹船、万里丸であった。鉄製ではあったが、外輪式のこの汽船は千四百六十一屯、元治元年（一八六四）の建造とされている（日本郵船株式会社『七十年史』）。万里丸は、青年 初太郎の人生にとって決定的な転換を迫る運命の船となった。幕藩鎖国体制の崩壊は、きっかけ次第で、夢想を可能性に、そして現実にかえていく時代への幕あけでもあった。

此船は船長小笠原賢蔵氏の指揮するところなりしが小笠原氏は元幕府の遺臣にして、航海術に長じ、戊申の役、榎本釜次郎と共に房州館山沖に在る幕府の艇隊を率ゐて東北に脱走し、官軍に対抗して屢々之を悩ましたるも、遂に力尽きて官軍に降伏したるが、後、赦されて海員となり、郵便蒸汽々船会社の船長となりて専ら海上勤務に服することとなれり。彼は剛毅闊達の人物にして、頗る温情に富み、常に其部下を愛撫したるを以て、船員は挙って之に心服したり、而して彼は予に何の見るところありしか、暇ある毎に予を船長室に招きて訓戒し、汝は平凡なる一水夫を以て終るべき者にあらず、今日の世は旧幕時代と異り、門地出生は必ずしも立身出世の要件にあらず、若し一心不乱に勉強せば、遂には予に優る船長となり、進んでは船主となりて数多の船員を使役する身分ともなり得べし。要は唯汝の奮励努力如何に在りと……予は往時を追懐して師の旧恩を念ふ毎に、夫の万里丸の船長室に於て、海図を抜きたるデスクを背にして、ブルージャケットを著して立てる予に対して諄々として処世成功の道を説ける光景の、眼前に彷彿たるを覚ゆるなり。

この追憶にみられる小笠原船長の発言は、同じく幕臣の出身で、ロンドン留学の体験をもち、かのスマイルスのセルフーヘルプを『西国立志篇』として公刊した中村正直を思わせる。「天は自ら助くる者を助く」で始まるこの書が世に問われたのは、まさに明治四年であった。仮に小笠原賢蔵が、この書を手にしたことが無かったとしても、彼の人生訓には、自主・独立・勤勉・誠実・職業の神聖を強調したスマイルスの思想＝『西国立志篇』が見事に生きているのではなかろうか。中村正直は、洋行中、幕府崩壊の急報に接し急ぎ帰国したのち、旧幕臣の窮状を見るにしのびず、幕臣たちの生きる支えとして『西国立志篇』を訳出したものと伝えられている。正直（敬宇）の処女出版は、幕臣のみならず、ひろく国民一般をとらえ始めようとしていたのである。少なくとも、万里丸の船長室には、新しい空気が充満していた。この旧式の外車（外輪）式蒸汽船は、初太郎にとって、航海術習得のための学校であっただけではなく、青春の門であり、魂を育てる成長の場であった。現代の学校教育において、次第に欠落し始めたかにみえる人間形成をめざす情熱が息吹いていたのではなかろうか。

光陰は矢のごとく、早くも五ケ年が経過し、初太郎は水夫見習いから水夫へ、水夫から月収九円の水夫長（ボースン）に昇進していた。同輩を抜いた昇任である。しかし、間もなく初太郎に次の転機が訪れてくる。

水上警察時代

明治九年（一八七六）正月、東京府下の南品川に一家を構えることとなった。日本橋の富沢町で唐物問屋を営んでいた金子家の一人娘、仲子と結婚したのである。父を失っていた彼女は、当時、その母と共に品川の母の生家に復帰していた。初太郎は数えの二十六、仲子は十九歳の新婚の春とはいえ、交友たちの来客も多く、仲子の着物は、そのほとんどが質草として消えていく有様であったという。

また、この頃、ときの明治新政府も重大な危機に直面していた。西郷隆盛等の西南戦争は、もはや必至の情況であった。〃大警視川路利良は内務当局と協議し、薩南の戦乱未だ勃発せず、唯其風雲頗る急なる十年一月十六日を以て、仁風丸及明快丸と呼ぶ二隻の小蒸汽船を艤装し、約百人の巡査を分乗せしめ、品川警備の任に当らしむ〃こととなり、初太郎は、水上警察署の創設と同時に警視庁の雇員に任命され、四十八人の水夫監督として仁風丸に乗り込み品川沖を巡航した。

この水上警察署長として赴任してきたのが、熊本県人　山移三成という人物であった。ある日、山移署長は仁風丸に来船した際〃御身は見受くるところ、操舟の術に長じたるやうなれども、唯単に一水夫長を以て甘んずるが如きは、御身の為に絶対に取らざるところなり……速かに船長たる試験を受くべし〃と激励された。

初太郎は大いに署長の好意に感謝したものの、何分にも薄給の身で、愛妻、仲子も家計に苦しんでいた。もし船長試験に応じるとすれば、たちまち五円という大金が必要であったが、親友、知人からも、借用のあては無かった。やむなく〝山移警部に対して、一応、其好意を感謝し、現下の実情を愬へて、到底、試験に応ずること能はざることを述ぶるや、彼は一層、予に同情〟する有様であった。その翌日、来船してきた署長は、一円紙幣五枚を初太郎に手渡した。感激した初太郎は〝此熱情に対して、いかで酬いずして止むべきや〟と直ちに意を決して、受験の手続きを進めた。たまたま、試験委員長は、かつての万里丸船長、小笠原賢蔵であった。彼は見事に合格して小型船長の免許を手にすることができ、間もなく仁風丸の船長として勤務することになった。

しかし、恩人、山移警部は間もなく、西南戦争の開始によって、戦地に出張を命じられ、不運にも流れ弾にあたって戦死した。〝予は此恩人戦死の報を耳にして、痛歎措かざりしが、如何ともする能はず、他日、成功の日を待って其遺族を慰藉する〟ことを誓ったという。

甲種船長に

西南戦争も、全国的に動揺をあたえた割には、あっけなく終結した。戦争終結と同時に初太郎は、今津の人であった千足利右衛門（神戸在住）所有のスクーナー全国丸の船長となった。その後、帆船日本丸、ついで千足丸、さらに皇国丸の船長へと転任した。いずれも千足氏所有の帆船である。

この間、彼の船長としての勤務ぶりには、彼独特のものがあった。〃苟も船主の利益となるべきものは進んで之を取り、其不利となるべきものは努めて之を避け……凡そ航海者の戒心すべきは多く夜間にあり、特に深更又は暁間際は、海員の熟睡する時間に当り、甲板司令台の上に在りて警戒の任に当る者と雖も、往々にして睡魔の襲ふところとなりて、或は他船と衝突し、或は暗礁に乗り揚げて、船体を破壊し、延いては貴重なる船員、船客の生命・身体を損傷することあり〃との判断から、点灯時になると直ちに就寝し、夜の十二時頃には甲板に出て警戒にあたったという。

また、帆船に転乗したのちは、東京、品川の自宅に帰ることは稀で、船主も神戸に定住していた関係上そのすすめもあって、品川の居宅をたたんで、神戸の湊川付近に移った。

ところが移住後、二年ほど経った頃、千足氏のもとで〃大船頭〃と呼ばれていた総監督と意見があわず、ついに解職されるはめになった。彼の人生にとって、最初の重大危機である。

品川は我第二の故郷にして、其地を去るは情に於て忍びざるところありしも、而かも船主の知遇に感じ之に答へんが為に、強ひて綿々の情を断ちて神戸に引移りたるなり、然るに一朝監督と不和の為に馘首せらる。予は何の面目ありて東京に帰るを得ん……

煩悶の日が続いた。酒の力で自らを慰めてもみた。妻の仲子も、一時は失望落胆したが、〃彼女は悲境に在るも必ずしも悲観せず、失敗しながらも希望を将来に繋ぎ日々酒を買って予を慰藉し、予の快々として楽まざる色を見るや、声を激まして、日本は広く船の数は多し、皇国丸のみが唯一の船舶にあらず、宜しく将来を楽観して一層大なる船に乗組む工夫をせらるべし。神戸の天地は狭く、到底郎君を容るゝに足らず、此上は一刻も早く東京に帰りて、第二の船主を求めらるべし〃と忠告した。初太郎は迷いの夢よりさめたように、彼女の忠告にしがたい、神戸を引きあげて、東京・品川に移った。また、将来への展望についても、深く考え直してみた。

当時、予は操舟の技術に於ては、敢へて人後に落ちずと自負したれども、海員としての予の資格は、一小型船長たるに過ぎず、斯くては第二の船主を得ることも自然に困難なるべし……

品川に帰ると、早速、甲種船長試験の受験準備に着手した。これまでに小型船の船長免状を取得しており、帆船の船長としての長い実地経験もあった。しかし、いざ受験となると大変なことであったろう。さきに引用した『追憶』のなかで松本仲代は、初太郎のあとに続いて独学で船長（のちパイロット）になった義父の様子を次のように記している。

独学にて受験すると云う事は並大抵の事ではなく、毎日毎日、机に向ってただ書いて書き覚えるのであるが、その為とうとう綿入三枚の袖がすり切れて了ったと後々母から一つ話に聞かされたものである。

おそらく、初太郎の場合も似た状況であったものと思われるが〃精神一到何事か成らざらんやの譬の如く、甲種船長たるに必要なる一切の科目を習得することを得たるを以て、予は直ちに試験に応じたるところ、幸ひに合格して甲種船長たる免状を付与せらるゝこと〃となった。

明治九年の太政官布告第八十二号、西洋形商船船長運転手及ヒ機関手試験免状規則は、元老院会議の審議を経て明治十四年十二月二十八日布告第七十五号によって改正され、翌十五年一月一日より施行された。従来の仮免状（一定の履歴所有者に与えられた）は廃止され、海技免状は、甲種（外国航路）と乙種（内国航路）に分け、別に小型船船長、機関手免状をもうけた（注4）。としてみると、初太郎のいう甲種免状は改正後のものであろうか。

いまや初太郎は、航洋船（外国航路）の船長免状を手にする身となった。取得の年月日は明らかにできないが、改正のいきさつを考えあわせると明治十五年のことではなかろうか。

参考までに旧制度の時代の海員免状受有者数を次頁の表に示す。三菱商船学校（のち東京商

海員免状受有者数調（自明治九年、至同十四年）（高等海難審判庁編『海難審判史』より）

年度	内外人の別	壱則船長	弐則船長	壱則一等運転手	同二等〃	同一等機關手	同二等〃	弐則一等機關手	三則船長	同一等運轉手	同二等運轉手	同一等機關手	同二等機關手	小汽船船長	同機關手	合計
明治九年	内国		三	一					七	八	七	一一	一四	四九	七四	一七四
	外国	一八	一八	三	二	二三	四	二	一	一		一	一			七四
十年	内国	三	四	一	五	三	一		二三	一〇	九	一二	二一	八九	一一四	二九四
	外国	三四	二〇	一〇	一	三一	六	六	五	四		二	二			一二一
十一年	内国	五	七	一	五	四	五		二九	一一	七	一三	二一	一六三	一八〇	四五一
	外国	三七	二〇	一三	三	三五	六	七	四	六		四	二			一三七
十二年	内国	一〇	七	八	三一	七	九		一四二	九二	一八	一七	三八	二八一	二七一	九四一
	外国	五三	一九	二〇	九	四五	一五	一二	三	一〇	一七	六	五			二一四
十三年	内国	一四	七	一二	七〇	八	二六		二〇五	一四九	二六	二八	五〇	四二八	三三四	一、三五七
	外国	六〇	二一	二三	一三	四九	一九	一二	三	八	二〇	七	六			二四一
十四年	内国	二四	八	二三	九五	一一	四四		三二六	一六七	二六	三九	五九	五四一	四一八	一、七八一
	外国	七一	二一	三三	二三	五八	二七	三	二二	二二	一四	六	四			二八四

船学校）の卒業生にしても、その取得が大変であったといわれる船長免状である。ただし、彼の故郷で云い伝えられているように、初太郎が取得した免状が、甲種船長第一号であったか否かは未確認である。明治九年制定の免状規則についていえば、その第一号は英国人エルマンである。もっとも当時は、航洋船の本免状はそのほとんどが外国人所有のものであった。

しかし〝人間万事塞翁が馬と云へるは真に至言と云ふべく、曩《さき》に神戸に於て解職せらるゝことなく、引続き船主の信任を得、且総監督と融和して、永く神戸に留らば予は今日の地位に達する能はざりしことは勿論、遂に一帆船の船長として世に終るに至りしや必せり。然るに在職幾何もなくして解職せられたる事が発奮の動機となり遂に刻苦勉励の後、甲種船長たる資格を得たれば、予は太洋を航行する船舶にも、自由に乗組むことを得るに至りたるなり〟という回想には、強い迫真力がかくされている。

明治十五年、工部省の千早丸の船長となり、その翌年には、同福社の第二同福丸の船長に転じた。〝明治十一年より明治二十二年に至るまでの間に、予の帆船時代とも称すべく……〟といった追憶からすると、千早、第二同福の両船はともに帆船であったのであろう。

きびしい生活体験を別とすれば、彼の人生航路は、まず幸運に恵まれたものといわなければならないであろう。しかし、長い海上生活には、避けることのできない危険が、常につきまとっている。同福社時代の乗船、第二同福丸では、それが現実のものとなった。彼自身、次のように告白しているからである。

予は幸にして船運頗る強く、其水夫時代は勿論、明治十年始めて船長となりしより以来、汽船、帆船を通じて十数隻の船舶を指揮したるが、嘗て同福丸にて一回遭難したる外、難破の不幸に際会したることなかりしは、実に天佑と云ふの外なかるべし。

事実、次のような海員審問（現在の海難審判）の判定（現在の裁決）書が見られる。(注5)

東京府平民　田坂初太郎

其方儀大阪府下中ノ島五丁目二十六番地、同福社所有風帆船第二同福丸へ船長トシテ執職中、明治十六年七月八日、千葉県下安房国安房郡洲崎村海岸ニ於テ本船破壊ノ顚末、遂審問処、其方ハ明治十六年六月十八日、肥前国住ノ江ヨリ石炭ヲ積入レ、東京へ向ケ航海ノ途次、北東ノ風雨烈シキカ為メ、同年七月三日、豆州下田へ寄港、同月七日、風波稍々《やや》平穏ナルヲ以テ同港ヲ抜錨セシニ、翌八日正午頃ヨリ再ヒ北東ノ強風吹起ルヲ以テ、諸軽帆ヲ収メシム、然ルニ午後二時ニ至リ風力益々加リ、前後中帆及前中ト索帆ヲ吹破ラレ、直ニ是ヲ掛ケ換フルモ、同七時ニ至ル風威愈々猛ク、前帆及大中ト索帆ノ外諸帆再ヒ吹キ破ラルヽノミナラス、激浪ノ為メ舵ヲ毀損シ、同夜十時半、終ニ洲崎村海岸ヘ押寄セラレ、暗礁ニ触レ、船体皆破ニ及ヒタル旨申立タリ、依之審按スルニ、口供第十四問及第十九問ノ答ニ拠レハ、暗夜只尺ヲ弁セサルノ際、暴風高浪ノ為メ舵ヲ失ヒ、進退自由ナラサルヨリ、終ニ本船ヲシテ暗礁ニ接触シ破壊ニ至ラシメタルモノニシテ、其方職務上ニ於テハ別段譴責スヘキ廉ナシ、依テ這回審問ノ件ニ関シ自今差構ナキモノトス

明治十六年九月五日

海員審問主任　小笠原賢蔵

同参座　蛯子末次郎

運命とは、まさに恐るべきものである。第二同福丸の海難について、海員審問主任の席にあったのは、ほかでもない小笠原賢蔵その人であった。小笠原は、思い出の万里丸（日本国郵便蒸汽船会社）の船長時代、初太郎に対して、明治の聖書ともいわれた『西国立志篇』を連想せずにはいられないような激励をしてくれた人物であり、のち、小型船の船長試験に際しては試験委員長として現れたこともあった。今回は、海難審判（当時は海員審問といった）の場で、海の男としての三度目の対面であった。こうした因縁によって、審問の結果が左右されるなどということは決して無かったであろうが、海員審問による判定は〝自今差構ナキ

モノトス〃であった。

しかし、彼の自伝のなかには、第二同福丸の海難事件の詳細は記されておらず、小笠原賢蔵との出会いについても、まったく触れられていない。これは、彼の『努力四十年』が〃簡明を旨とし修飾を避けた〃ものであり〃主として予の口授に出で、友人森田小六郎氏を煩はして、筆記せしめたるもの〃（同書の自序）という制約からきたものであろう。恩師ともいえる小笠原は、いつまでも彼の胸中に生き続けていたに違いない。しかし、彼の生涯は、いよいよ正念場を迎えようとしており、往年を追憶するゆとりも無くなろうとする時期に当たっていたことも、また否定しがたい事実であったであろう。

悲運を乗りこえて

第二同福丸の船長として乗務中、不運にも海難事故に遭遇したが、この事故について、操船上の責任を問われることはなかった。しかし、同福社について、彼は次のような事実を伝えている。

当時、藤田家の当主伝三郎は、怪傑《かいけつ》中野梧一氏と共同して事業を経営し、勢望隆々《せいぼうりゅうりゅう》たりしが、予は単に同福社に使用せらるゝ一船長に過ぎざりしが故に、中野、藤田の両氏が如何なる状態の下に事業を経営しつつありしやは、元より予の関知するところにあらず、加之《しかのみならず》予は常に海上勤務に服したるが故に、両氏と接触する機会少なく、唯人伝《ただひとづて》に此両氏が事業家として頗る傑出したる人物なる事を知り、後に中野氏が、事業蹉跌《さてつ》の結果、割腹して死したる事を耳にして、惜しき人物を殺したりとて、其死を嘆惜したることあり。

事業経営の面白さときびしさについても、そろそろ目が向き始めたのであろうか。それはともかく、〃予は同福丸に居ること一年の後、三井物産会社所有の帆船開成丸（三百三十屯）の船長となり〃とあるところからみると、三井物産に移ったのは明治十七年に相違ない。ここでも彼は往時を回想して経営陣に注目している。

当時、三井物産会社の社長は益田孝氏之に任じ、其部下に飯田義一及山本条太郎の二氏あり、飯田氏は後に三井物産株式会社の上席理事に任じ、三井家の元老に准じて勢望隆々たる人となりしも、予が始めて開成丸を指揮したる当時に於ては、平々凡々の一店員に過ぎざりき。若し夫《そ》れ山本氏に至っては、飯田氏より遥か下級に在る店員として、同社に勤務したるの人、誰れか彼が他日、三井家の重鎮として、帝国貿易の大部分を壟断《ろうだん》する大会社経営の大責任を双肩に担うの人となることを期するものあらんや。実に飯田氏の成功は勤勉の賜《たまもの》にして、山本氏の成功は亦精勤の結果なり。

田坂が三井物産に入ったのは、ちょうど朝鮮事変（甲申事件）の発生したころ、とされているので、明治十七年の十一〜十二月ころと推測できるが、〃比較的好遇を受け、其職に留ること五年、其間、海員の試練場と称へられたるケープホーンの岬角に達した〃こともあったという。

ところで〃予は全国丸以来、帆船の船長たること十年に及びたれば、此上は汽船に乗換へ心機一転せんと思ひ機会を待ちつゝありしに、恰《あたか》も好し、日本石炭会社の所有に係る豊国丸（九百トン）に船長を要し、同会社より予に交渉し来りたるにより、予は之に応じ、同船の船長に就職する〃こととなった。多分、明治二十二年のことであろう。この豊国丸乗船以来、いよいよ彼の人生は波乱万丈の時代となっていく。

さて〃元、豊国丸は外国人の所有に属したるが、会社に於て石炭運搬の必要上、外人船主と交渉して之を買取りたる〃ものであった。また、この会社は〃株式組織（資金三十万円）にして、後の日本銀行理事として、実業界に其名を知られたる三野村利助氏を筆頭として、中沢彦吉、吉田千秋、帆足芳方及高浜及子安等何れも相当の地位ある人物より成り立ちたる〃ものであった。

しかし、事業経営については、きわめて幼稚な段階にあり、経営陣内に対立もあって、事業成績は不振であった。そのため会社発足後、一年で解散することになった。解散後〝豊国丸は前社員にして、旧淀藩主稲葉子爵家の家令、高浜某氏の所有に帰したるが、予は引続き高浜氏に雇はるゝことゝなり、在職一年に及べり。而して予は高浜氏の命に依りて一時此船を去りたるが、六箇月の後同氏は之を佐渡の秋田藤十郎氏に譲渡《ゆずりわた》すことゝなり、同時に佐渡丸と改名〟された。こうして、豊国丸は佐渡丸へと変身したが、初太郎は引き続き乗務していた。

新しい船主となった秋田藤十郎は、佐渡の相川でもっぱら回漕業に従事していた。〝当時、佐渡の金山は帝室の御料に属し、子爵品川弥二郎氏、御料局長として、之を監督し、金山の実務は工学博士渡辺渡氏之を担当したり……常に多数の就業者あり、佐渡の繁栄は一に係《かか》って此金山に在りと云ふも過言にあらず〟という状況であった。佐渡丸は、こうした佐渡の経済を背景に、佐渡と本土各港間の海運にあたっていた。しかし、強大な競争相手があった。日本郵船である。そこで、彼らは新しい提案をおこない、早速、実行に移した。

当時、日本郵船会社は裏日本の航路を有し、佐渡と本土との連絡は、亦郵船会社の社船によりて実行せられ、佐渡丸と社船とは互に競争者の地位に立ちたるが、秋田氏は眇《びょう》たる相川の一小商人に過ぎざるに、郵船会社は天下の最大会社なり。此大会社と競争するは、恰《あたか》も蟷螂《とうろう》の斧を以て竜車に向ふが如きものなりしと雖も、秋田氏は金山々下に定住する強味あり……以て当路を動かすに足るが故に、予は船主に説き、船主の旨を帯びて、御料局に渡辺博士を訪ひ、郵船会社と競争するの困難なる事情を陳述し、佐渡土着の人民を保護する為に、佐渡の金山に出入する貨物は一切佐渡丸に用命せられたく、船主は此恩命に報ゆる為に運賃を二割減少すべしとて、熱誠を籠《こ》めて請願したるに、幸ひに許可を得たり。

これには、一応の成算もあってのことだった。というのは〝佐渡丸の航路は、東京より門司に至り、其れより日本海に出で、佐渡に寄港し、北海道小樽に赴《おもむ》きて東京に帰港する〟順序であったので、〝東京にて佐渡に輸入する貨物を積取り、途中、門司にて石炭を積みて佐渡に至り、此等の載貨を全部陸揚げしたる後は、新潟及酒田及伏木等にて米を積込み、更に北海道にて搾滓《しめかす》を積み、貨物を満載して東京に帰航〟という方針をとったからである。

こうして、たとえ二割の運賃割引をしても、充分利益をあげることができた。こうしたかたちでの海運業は、すでに江戸時代から、北前船とよばれた商船の活動が知られている。佐渡丸は、こうした遺産を継承しながら活躍していたのであろう。初太郎も、月給百五十円の身となっていた。〝昔日の如き不便を感ずることなかりき〟といった状況で、月給二円五十銭であった水夫見習い時代を思えば、隔世の感がある。

しかし、明治以来の日本の資本主義発達史をみれば明らかであるように、国家の保護・育成を受けることのできなかった企業は、そのほとんどが姿を消していった。北前船も決して例外ではなかった。日本郵船に対抗するため、北前船関係者は明治二十年、北陸親議会を結成するなどしていたが（『北前船』牧野隆信）、海難事故による損害等によって倒産する船主はあとを絶たなかったのである。

船長から船主に

船長から船主になるについても、ずいぶんと波乱に富んだ運命の展開があった。まず佐渡丸が沈没してしまったことである。しかし、まったくの偶然であったが、この海難事故が発生したとき、初太郎は下船中であった。その裏には、次のような秘話が隠されていた。

明治二十三年、予が佐渡より小樽を経て東京に帰航して自宅に入りたるに、恰《あたか》も品川の医師斉藤清文氏来訪したり。彼は予の莫逆《ばくぎゃく》の友にして、予と同じく酒を好み亦角力を好みたるを以て……玄関先に円を画して角力を取りたるが、互に勝敗あり、最後の決勝となり両人取組みたるまゝ横に倒れたるが、如何にしけん、予は上門歯数枚を打挫きて、少許の出血をみた……付近の歯科医に就き応急の手当を受けて、再び品川沖より出帆した……関門に差掛かる頃より急に歯痛を覚え、門司に到着したる時は苦痛堪へ難かりしにより上陸して、歯科医の診察を受けたるが……都を去ること遠き門司付近に在りて、完全なる手術を受けんことは思ひも寄らざるのみならず、事実、長く門司に滞在して治療を受くる余裕なかりしを以て、苦痛愈々甚しく、到底船長として職務を執ること不可能となりたれば、事情を船主に愬《うった》へ、其許可を得て、七月十日、新潟より上陸し東京に急行し、手術を受け、日々自宅より医師の許に通ひ居たり。

田坂船長の下船後、佐渡丸の運航責任は一等運転士　山本某（船長免状所有）が負っていたが、七月十三日、北海道松前沖で坐礁し、船体は両断され、積載していた貨物も流出してしまった。急報によって初太郎は北海道に急行したが、打つ手もないまま船体は放棄された。

幸い、日本海上保険との契約がなされていたため、保険金に不足分を追加して、代船を購入することになったが、適当なものが見あたらなかった。そこで、たまたま香港のサムソン商会が入手していた汽船（千二百五十載貨重量トン）を五万円で手に入れようとした。当時の五万円は大変な金額であったが、船主は〝日本海上保険会社より受取りたる若干の保険金あり、加え我家には祖先の遺産として、数万の価ある古金あれば、直ちに行李《こうり》を収めて香港に急行して、全責任を以て買約を為し、回航の手続きを逐《お》われたし、吾は佐渡に帰りて直ちに香港に送金すべし〃ということで、勇んで香港に出発した。

香港に到着したのは明治二十四年二月中旬のことであった。同地では、サムソン商会の責任者との面会時刻に遅れ、〝冷汗三斗〃の思いを嘗めさせられる一幕もあったが、商談はまとまり〝船舶売価は五万円にして、内一万円は為替手形として香港に在る香上銀行本店に振込めば、直ちに神戸に回航し、川崎造船所に入り、船体を検査したる後、残金引換にて之を買主に引渡す〃ということで、契約書に船主を代表して署名した。

ところが〝此一万円の手付金は、契約成立後二箇月以内に支払ふ約束なりしが、期日に到るも一文の送金なし、送金なかりしも道理、船主は佐渡丸沈没後、定期相場に手を染め……日本海上保険会社より受取りたる莫大の保険料を瞬く間に損失し、祖先の遺産なりと称する古金も影を留めず、其結果、一万円の手付金は愚か、其半金若しくは三分の一の送金をも為すこと能はず、唯空しく一時遁《のが》れの電信を打って、予を香港に引き留めんとするに過ぎざりし〃といった有様で、滞在は実に百日におよび五月となった。

一方、サムソン商会からは送金の督促と契約破棄を迫られ、ついに船主に会って事情をたしかめるため、とり急ぎ神戸に帰ってきた。〝是より前、船主秋田藤十郎氏は、買船資金の調達の為に東奔西走し……特に高田商会を説きて、一万円を借り受けんとして奔走するところあり〟、やがて〝一万円の送金ありたるが、其送金には予が保証を為すにあらざれば、直接に本人に渡す勿《なか》れとの命令〟がつけられていた。

船主は〝予に迫って金を引出し、香上銀行に振込まんことを求めた〟。しかし初太郎はこれまでの経験から〝若し今、軽々しく手付金を送りて船体を回漕せしむるも、期限に到って金を調達すること能はざれば、手付金は没収せられ、船体は他人の手に渡らん〟と大に秋田氏を諌めた。

しかし、秋田氏は〝若し船体にして幸に、神戸に到着するを得ば、残金は立処《たちどころ》に調達し得べし……船体を見る以上、豈《あに》之れを他人の手に渡さんやと、決心の色表に現われて見えたれば、予は船主の言を信じ、高田商会より金を受取りて香上銀行に振込みたるが、十数日を経て、買船佐渡国丸は神戸に著し、直ちに川崎造船所の船渠に入れて之を修復した〟。

けれども〝残金調達の責任を帯びて佐渡に帰りたる秋田氏は、毫《ごう》も其責任を果す能はず……若し期日に到り資金を調達すること能はざれば、船は他人の手に落ち……況《いわ》んや予は高田商会に対して一万円の保証債務を負ひ、更に川崎造船所に対して、船体修理の費用を支払ふ義務あり、若し主たる債務者の地位に立てる秋田氏にして、其債務を履行すること能はざらんか、此二重の負担は、予の双肩に落来るべし〟といった切迫した事態となった。

彼は、ついに決心を固めていった。〝予は依然として一箇の使用人たるに過ぎざるも、其責任は頗《すこぶ》る重大なり、而して之を全うするには、唯最善の力を尽して、資金を調達するの一途あるのみ、今や秋田氏の資力・信用共に尽きたる時、予は自ら秋田氏の地位に立って、之に当らざるべからず〟との決意である。

まず、初太郎は、灘興業銀行の社長、岡崎藤吉氏を訪問した。岡崎氏はのち関西でも一流の巨商として知られた人物であるが、〝知人の紹介を以て岡崎社長を問ひ、詳《つぶ》さに事情を陳述して、三万四千円を借入れんことを懇《こん》請〟した。サムソン商会への支払い金額は合計五万円であったが、うち一万円はすでに手付金として支払い済みであり、残金四万円のうち六千円は、初太郎が以前、船長として勤務したことがあった三井物産から対人信用によって貸与されていたからである。要請に対して岡崎は次のような条件をつけたという。

第一　秋田氏は佐渡に本籍を有し、且つ同地を以て生活の本拠とする人なれば、他日事起りたる場合に、債主は種々の不便を感ずべし……借人を貴君の名儀とすれば、銀行は金を融通すべし。

第二　期限は短期にして、利息は月二割の計算を以て支払はるべし。

第三　船体を担保とし、期限に債務を履行せざるときは、直ちに没収して、債務の弁済に充当すべし。

初太郎は〝第一、第三の条件は正当なれども、第二の条件は過酷《かこく》なり、対人信用ならば兎も角、仮りにも一千二百五十屯と云ふ汽船を担保として金を借入るるに、月二割と云ふは如何にも法外の利息なり。加之《しかも》貸借期間は二箇月にして、八月十五日より起算して、十月二十日に終了すると云ふ註文《ちゅうもん》なれば、自ら債務の履行不能を予期し、期限に到りて船を放棄する決心なければ、斯かる過当なる契約には調印する能はず、……予の履行不能を見越して、資金融通の要求に応ぜんとしたるならん〟と判断している。

〝借るべきや履行不能を如何せん、借らざらんか予の面目を如何せん〟。進退に窮した初太郎は、思案のすえ、右の条件を認めて調印した。まさに一世一代の大バクチであった。彼は、この重大局面を回顧して〝若し予にして調印を拒みしならば、其結果や如何、云ふまでもなく予は遂に今日の地位に達すること能はざりしならん、予が今日あるは、或意味に於て確かに岡崎氏の賜なり、予は同氏の提案したる条件が、今日快《こころよ》く過去を談《かた》るの材料となりしを思ひ、大に之を感謝せざるを得ず〟と述べている。

とはいうものの、巨額の、しかも短期の借入金の処理は、実際、容易なことではなかった。それに加えて、川崎造船所に入渠した佐渡国丸の修繕費一万円の処理にも迫られた。とりあえず修繕費については〝玉砕主義〟でもって、川崎造船所の支配人に面会のうえ、買船の経過を説明し、支払いの延期を求めたところ、支配人渡辺尚氏は社長と相談した結果、〝いと易き事なりとて、快く承諾せられたるのみならず、必要あらば何時たりとも申出られよ、一、二万円位の金額なれば、随時御用達致すべし〟との返事であった。比較的容易に修繕料の一件は落着した。

こうした資金繰りのうえ、船貨を積み込み、諸般の準備をととのえて、佐渡に直航した。その間の事情について、彼は以下のように語っている。

此船は形式に於ては予の所有物たり、何者と雖も法律上予に対して所有権を争ふもののなかるべし。然れども、予は佐渡国丸買入に関する情誼を尊重せざるべからず、又予は無能なりし故を以て、前の船主秋田氏あることを閑却することを能はず、故に佐渡国丸を占領するや、直ちに之を相川に回漕して、旧主秋田氏に提供せんとしたるなり。然るに秋田氏は、当時疲弊《ひへい》の極に達して如何ともする能はず……負へる債務を弁済する望絶無なるを以《もっ》て、船舶に対する一切の関係及情実を断って、予の処分に任すことを申出でられたるを以《もっ》て予は熟考の上之を承諾し、全《まった》く秋田氏と絶縁して東京に帰航したり。

これまでに書きあげられていた筋書きは、ここに完結した訳である。おそらく、先祖伝来の北前船主、秋田藤十郎は、日本海から太平洋岸にわたる営業上の基盤もろとも、そのすべてを田坂初太郎に譲り渡す結果となったのであろう。すでに時代は大きく転換しようとしていた。下剋上も避けがたい時節となったのである。彼はその感懐を次のように表現している。

予は明治四年始めて神戸に出で、水夫となりしより二十年、常に他人の一使用人たるに過ぎざりしが、茲《ここ》に船主秋田氏の蹉跌《さてつ》に依りて、図らずも自ら船主となりて新生涯に入ることゝなれり。而して人生の基礎は不惑より知命に至る間に之を確立すべきものとせば、予は正に其基礎を定むべき第一年を過ぎて、其第二年に入りたるもの、此機会に乗じて緊褌《きんこん》一番して、勇往邁進《ゆうおうまいしん》すべしとて、盤石《ばんじゃく》の決心を以て佐渡国丸の経営に当れり。

この年（明治二十四年）、初太郎は数えの四十二歳を迎えており、まさに〝不惑〟を越し、その第二年にあたっていた。

船主から実業家へ

千載一遇の機会によって船主となった初太郎は、佐渡から東京に帰航すると、早速、事務員を督励して、沿海各港の荷主に対して寄港の日程を連絡し、前船主同様に引き続き御愛顧を願う挨拶状を発送した。こうして準備完了のうえ、明治二十五年九月上旬、東京を出航し、神戸、門司を経て、佐渡の相川に到着した。

此航路は、予に取りては得意の壇場とも称すべく、各寄港地の荷主及回漕店主等は、悉く予の旧知なれば予は到るところにて便宜を与へられたり。而して予は前例に依りて、石炭及塩を購入して金山に納入したるが、同山の購買係は、予の正直なるを認め、全幅の信任を置きて、予の納入する物品に限りて計量せず、田坂の納品なれば衡器《こうき》に掛くるに及ばずと云ひて、其儘倉庫に納めたるに少しも量を減じたることなかりき。

という訳で、帰途は例のように佐渡から小樽まわりで、新船主としての第一回の航海は無事終わった。しかし佐渡国丸を担保として借り入れていた恐ろしいほどの高利の債務は、その期限が迫っていた。灘興業銀行の岡崎社長への返済金は三万五千円となっていたのである。

佐渡国丸を品川沖に係留したまま金策に走りまわり、以前、取引のあった高田商会から一万五千円を都合してもらった。なお残された金額の借用は、東京では見込みがつかず、敷設されて間もない列車に乗って大阪に向かった。妙案がない訳でもなかった。この件は次のように、あっさりと解決した。

不図、曩《さき》に川崎造船所の支配人、渡辺尚氏が川崎社長の承諾を経て、必要あらば資金の融通を為すべしと云はれたる事を回想し、仮令《たとえ》厚顔なりと云はるゝとも背に腹は換へられず、一時恥《はじ》を忍ぶも、寧ろ冷酷なる債主の為に船を奪はるゝに優れりと思ひ、造船所に赴き支配人に面会して、事情を陳述して資金の融通を求めたるに、支配人は前約を重《おもん》じて所長に伝達したるに、所長快く二万円を貸与すべきことを承諾せられ……

また一方、東京の高田商会からも「カネ三四〇〇〇エンモツテタツ、アスオオサカシテンヘコイ」との入電があり、危機は見事に乗り切ることができた。

さきに見たように、一介の船主、それも、にわかに船持ちになろうとしていた人物に対して、川崎造船所の経営陣が、これほどまでに好意を示したのについては、次のようなエピソードも隠されていた。

予が豊国丸船長として、高浜氏に使用せられたる時代に於て、西航の途上、神戸に寄航したるに、恰《あたか》も帝国軍艦比叡《ひえい》修繕の為に、川崎造船所に入渠することゝなりたるが、今を距る約三十年の昔に在りては、設備極めて不完全にして、所謂算盤船渠《いわゆるそろばんどっく》と称し、軌条に依りて上に引揚げんとしたるに、如何にしけん船体は途中にて固著して少しも動かず、造船所の技師は、軌条に故障ありと認め、曳船《ひき》二艘を聯《つら》ねて之を引卸《ひきおろ》さんとしたけれども動かず、士官も技師も百計尽きて如何ともする能はざりしが、此時、造船所にては、沖合に在る豊国丸を認め、直ちに使者を馳せて援助を求めたるにより、予は之に応じて、船を現場に進めて作業の実況を見るに、甚《はなは》だ首肯《しゅこう》し難《がた》きものあり。仍《よっ》て索を取って豊国丸に結著《むすびつ》け、更に比叡艦の左右に亀甲《きっこう》形に索条を施し、諸般の準備成りたるを以《もっ》て、豊国丸の甲板に上り、進行の号令を下したり……

何分にも比叡《ひえい》は二千数百トンの甲鉄艦であり、豊国丸は僅かに九百トン内外の一商船にすぎなかった。"一の力を以《もっ》て三倍の重量を有する船を引卸《ひきおろ》さんとするは、頗る大担なる計画にして、艦上の士官も、造船所の所員も、豊国丸の船長は何事を為すかと、唯呆然として此光景を眺むる許りなり"と、すこぶる緊張した場面となったが、この引きおろし作業は見事に成功した。この背景には、彼の貴重な体験が隠されていた。

予の胸中には確かに成算あり、先年、羽田沖に於て、郵便蒸汽々船会社の明光丸が坐洲《ざす》したる時、予は小笠原船長の指図《さしず》に従って之を引却したることあり、斯かる場合に船体の重力を一点に固定せしむるときは、之を動かすに非常の力を要するものなれども、重力を左右に牽制《けんせい》するときは、船体は自然に動揺するに至るべし、是れ物理の法則なり、予元《もと》無学にして物理の法則を、知らずと雖《いえど》も、羽田沖に於ける唯一回の経験によりて、不知不識《しらずしらず》、物理の法則を会得したるを以《もっ》て、今同一状態に在る比叡艦に対しても、亦此法則を適用せんとしたるなり。

彼のいう物理の法則を、体験を通して彼にたたきこんだのは、あの小笠原賢蔵船長に外ならない。例の『西国立志編』風の教訓を初太郎の胸に刻みこんだのも彼であった。小笠原の教えは、終生、彼の運命にかかわり続けたのである。

この引き卸し成功に対して、川崎造船所の支配人、渡辺は、数名の所員とともに豊国丸に来船し、丁重な謝辞を述べ、金一封と数樽の酒を贈った。けれども初太郎は、固く、これを断ったという。しかし、〝支配人は尚強ひて予に之を受取ん事を求めて止まざりしかば、然らば折角の御好意故、酒だけは頂戴仕るべし、謝金の義は固く辞退致すとて、遂に之に手を触れざりし〟という結末となった。この事件は明治二十年のことであったとされているが、彼と川崎造船所とのあいだには、このような因縁も隠されていたのである。そして、その背後には、またしても小笠原賢蔵の影があった。

有力者の後援によって危機を脱して以来〝予の航路は真帆に順風を受けて行くが如く〟佐渡国丸も順調に利益をあげていった。航路は、例の東京・神戸・門司・佐渡・小樽と日本列島を一周するコースであった。

負債についても、石川島造船所の所長、梅浦精一氏の融通によって、高田商会への返済金四万四千円を償却した。梅浦氏から借用した三万五千円に、これまでの利益金を加えて返済した訳であるが、今回の融資に対する利率は年二割で、これまでのものに較べると、はるかに低利であった。

〝斯くて数回の往復を為す間に、明治二十五年も暮れて二十六年となりたるが、幸運にも事業の成績は益々揚がり、利益は月を逐ふて増加〟していった。こうして、明治二十七年の春には、梅浦氏に対するものを除いて、その他の負債は、すべて償却することができた。なお幾らかの貯蓄もできたので、〝四万円を携帯して梅浦氏を訪ひ、債務の弁済を為さんとしたけれども、彼は金を受け取らず……彼の真意は、予が事業の経営に付て、特殊の手腕あるを認め、予を利用して利益を分配せんとするにありしなり〟といった状況であった。

明治二十七年七月、日清戦争が起こった。政府は急きょ民間所有の汽船数十隻を徴用し、佐渡国丸も御用船に編入されてしまった。このとき、彼は真剣に廃業を考えたようである。

熟々《つらつら》考ふるに、予は幼時より引続き海上生活を営み、当時に至り既に四十年に及べり。而して其間屢々《しばしば》天候風浪の危険に遭遇し、生死の境に出没すること数回に及べり、今幸ひにして幾分貯財を得たるが、詳かに之を計算をすれば、正に負債を償却して十数万円を剰《あま》すことを得べし。……品川付近に邸宅を構へて、一生を安楽に送る方法を講ずべし、十数万円の金は、予等夫婦並に数人の家族を養ふには十分なるべく、妻も亦必ず予の決心を聞きて満足すべし……

佐渡国丸徴用の辞令を受け取ったのち、急ぎ帰宅した初太郎は、妻にその心中をうちあけた。予期に反して、仲子の表情は硬かった。

彼女は暫く沈黙したる後、徐《おもむ》ろに口を開き、吾等は二十余年、困苦と戦ひて今日に到り、稍安楽なる生活を営むことを得るに至りたるは此処二、三年の間に過ぎず、二十余年の労苦に対する報酬としては、十余万円の金は寧ろ少きに過ぎずや……今より安逸の生活に入るは時期尚早し、船乗の生活を以て今日に到りたる以上、吾等は飽まで船乗の生活を逐《お》はざるべからず、幸に此処に十余万の資金あれば、之を以て第二の船を購入せらるべし。吾等若し運拙《つたな》くして失敗すれば、其は天命なり、仮令《たとえ》乞食となるとも厭《いと》ふところにあらず、乞食となりて奮闘するは、寧ろ安逸の生活を為し遊惰に流るゝに優れりとて、声を励まして予を諫めたれば、予は如何にも其言の通りなりとて、遂に第二の船を買入るゝことに決したり。

早速、想い出深い香港のサムソン商会を通じて、二千五百トンの船を購入することとなった。これを聞きつけた石川島造船所の梅浦氏は共有とすることを提案してきたので、権利を二分した。これによって、さきの負債三万五千円は消滅した。

このとき入手した玉姫丸は明治二十七年九月、香港から横浜に回航されてきたが、〝当時、戦争に際し船腹欠乏したる際なりしを以て、常に貨物を満載する状態なりしが故に、莫大なる収益を挙げ、買船後、僅々一百日間に八万円の純益を挙る〟ありさまであった。彼は〝今にして之を思へば、仲子の言は、予が此浮世の荒波を渡りて、成功の岸に到る海路を指示する羅針盤たりし〟と述懐している。

明治二十八年に入っても、似た状況が続いたが、四月には休戦、ついで馬関(下関条約)の締結となり、佐渡国丸は徴用を解除され、返還されてきた。玉姫丸にあわせて佐渡国丸を運航する必要はなかったので、大阪の福永庄七氏に売船することとしたが、玉姫丸は彼の手から離れてから僅か三ヶ月後の同年九月には、不幸にも沈没してしまった。新船主、福永氏の全損である。さきの佐渡丸といい、今度の玉姫丸の沈没にしろ、何か運命的なものを覚えさせられる。知人たちは次のように云ったという。

田坂にして、新潟にて下船することなかりしならんには、佐渡丸は沈没せざりしなるべく、玉姫丸にして猶田坂の手に留りしならんには、是亦沈没の厄難を免れたりしならん……

玉姫丸を購入してからのち、この船の指揮は弟の為松にまかせることとした。初太郎が郷里を出立するとき三歳であった為松は、次のような経験を積んでいた。

十四歳の時、之を品川に呼寄せ、芝新銭座なる近藤真琴翁の攻玉舎に入れたるが、熱心に航海術を研究すること数年、二十二歳の時、試験を受けて合格し、甲種船長の免状を得たり。仍って、彼は直ちに米国に赴き、伝手を求めて米国海軍に入り、練習生となりて航海に従事すること一年、転じて英国に赴き同国商船の二等運転士となり、其職に在ること数年の後、去って仏国に赴き更に転じて露西亜国に赴き……日清戦争の開始に先だち、露国貨物船の次席運転士となりて、神戸に来りたるが……彼に勧めて露船を去らしめ、専ら佐渡国丸の指揮を一任し……

後年、日本海員組合の副組合長となった赤崎寅蔵（愛媛県温泉郡興居島出身）は、明治三十四年、十三歳のとき、この佐渡国丸に見習い船員として乗務している（『海上労働運動夜話』村上行示)。

また、東京、深川の霊岸島に田坂回漕店を置いていたが、その業務を処理するについても、長谷川某等、すぐれた人材を得ていた。しかし、妻の仲子は〝安閑として品川に在ることを欲せず、其留守宅の監理並に子女の保護は、総べて老婢に一任し、回漕店に来りて、数多《あまた》の使用人を指揮して多忙なる店務を攬《み》た〟のであった。

玉姫丸を売船したのちも、佐渡国丸は〝日清戦争後、日露戦争に至るまで満十箇年、引続き、(海軍省に―筆者)使用せられたれば、予は之に依って、数十万円以上の収入を挙ぐることを得たり〟と、まさに海運業は、まったく順調であった。その背景には、海軍省内に有力な知人があったことも見落とせない。それは、日清戦争当時、海軍省の艦政本部にいた松本和大佐(のち中将)であった。彼は〝帝国海軍の元老、山本権兵衛伯の信任最も篤き人となりしが、艦政本部長を辞して、呉鎮守府長官〟となった人物であった。この松本大佐とのあいだに、次のような秘話が隠されている。

由来、我海軍各鎮守府は、海軍省艦政本部の直轄するところにして、各鎮守府に於て使用する石炭は艦政本部より之を供給することゝなり居たるが……大佐は率直に、一年何程にて佐渡国丸を貸すかと問はれたるが、予は包まず実状を告げ……使用料の如きは元より多くを望まず、随意御省に於て決定せらるべく、予は何程にても御用命に従ふべしと答へたるに、其は奇特の事なり、追って沙汰あるまで待たるべしとのことなりしにより帰宅したるが、数日を経て用船として傭入るゝ旨の辞令に接し、且《かつ》借賃を適当に定めたれば、予は満足を以て之に応じたり……然るに世人は事の真相を解せず、特に同業者中には、邪推して、田坂は海軍省の役人に贈賄して、此過分の利益を得たるなりと称する者ありしも、事実を誣《し》ふるの甚だしきものにて、予は嘗て半銭と雖も海軍当路の役人に賄賂を提供したることなし。海軍省が予に此恩命を与へられたるは、予の正直にして寡欲なることを認められたる結果なり。当時、用船の命に応ぜんと欲して、運動したる船主は十数人ありて、何れも不当の賃銭を貪らんと欲して無法の要求を為し……誠意を欠ける同業者は、事の真相を知らず、曲りたる自己の尺度を以て他を推測して、以て其徳を傷つけんとするに至っては、其罪大に憎むべし……

しかし、運命の皮肉であろうか、後年、山本権兵衛内閣は、いわゆるシーメンス事件のため総辞職し、呉海軍鎮守府長官であった松本中将は〝全く世人に誤解せられて、多望なる将来を捨て、暗黒裡に葬られた〟のである。有罪とされた松本について、田坂は次のように論評している。

予は元より海軍収賄事件の真相を知らず、松本氏の所為が果して沈痛なる制裁に値すべきものなるや否やを判断する能はずと雖も、此事件を離れて其人物を論ずれば、彼は海軍部内に於て実に得難き人物にして、彼と共に斉しく収監せられたる二、三氏に比すれば、人物の大小・知識の深浅共に日を同ふして論ずべからず。

たしかに、元艦政本部長（事件当時、呉鎮守府司令長官）は不運の人であったかも知れない。ただ、ここで見落とせないのは、当時の田坂回漕店の繁栄が、他の企業も同様であったように、軍需と深い関係があった事実である。明治期日本の経済は、こうした側面をもちながら急成長を続けていた。やがて彼が創立者のメンバーとなり、のち社長となった日本ペイントも、そのような一面をもっていた。

日本ペイント製造株式会社は、帝国海軍及帝国鉄道院を主たる顧客として、塗料を製造供給する会社にして、頗る盛大なる事業を為し、今日に於ては日本に於ける最も著名なる会社の一となりたるが、予は其主たる創立者として、最も深き関係を有せり。

この日本ペイントは、明治二十八年、合資会社として発足し、同三十一年、株式会社となるに際し、田坂は推されて社長に就任（明治四十二年、女婿田坂友吉に交替）、その発展に尽くした。

また、それより先、株式会社品川銀行の頭取も兼務し、一方、明治二十七年には、北海道岩内郡発足《ほっそく》村に、面積五百余町（実測、約一千町歩）の田坂農場を所有することになった。百有余戸の耕作者（小作人）がいたという。また、のち彼の郷里に近い因島船渠株式会社の社長も兼務した。〃晩秋の冷気に浴衣一枚を纏《まと》ひて之を凌ぎ……懐中僅かに二分の旅費を以て、神戸に出立した〃初太郎は、いまや天下の大実業家に変身していた。明治四十五年に発行された『財界一百人』（遠間平一郎編、中央評論社）に、女婿 田坂友吉とともに紹介されていることに、その一端がうかがえる。

晩年の田坂初太郎

他方、政界への進出も試み、明治四十一年愛媛県選出の衆議院議員として、帝国議会に席を置いた。しかし、同年秋に起こった〃因島船渠会社刑事事件〃に連坐したため、一切の公職を退いた。〃私書変造行使委託物騙取なる忌はしき罪名を付して、公訴手続を逐ふこと〃となったのである。さきにシーメンス事件の報道を耳にして、松本中将の非運に同情した彼自身が、公判廷に身を置く運命となった。〃予の歴史に拭ふべからざる汚点を加へられた〃田坂は、『努力四十年』と名づけた彼の自叙伝（大正六年十二月発行）のうち約半分に近い紙面を〃因島船渠事件〃の解明にあてているので、詳細はそれにゆずりたい。この書の巻頭には、二首の和歌が掲載されているが、彼の屈折した真情を吐露したものであろう。

世の中に　はつへき事はなかりけり　己か心のやましからねば
米まけは　米かはえるに善には善　悪には悪かむくふものなり
明治四十二年奇禍を買って入獄したる時
善祐

その後、彼は大正十年（一八二一）十一月二十四日、静養中であった小田原の別荘で、七十余年の生涯を終えた。その墓は弓削町下弓削の自性寺に残されている。彼の墓の傍らには、明治三十四年その創立に際し二千円近い寄付をした、弓削村外一ヶ村立弓削海員学校（現　弓削商船高等専門学校）の初代校長　小林善四郎も静かに眠っている。そして、はるか南方海上には、東の足尾鉱毒事件とならび

田坂家の別荘

称される別子鉱山の製錬所の島、四阪島が遠望できる。彼も、その晩年、その公害問題解決のため、地域住民を代表して、住友あるいはときの政府との交渉、仲介にあたった。彼を西の田中正造として位置づける記述すら見られるが（森田小六郎「田坂夫妻の面影」、『努力四十年』所収）、四阪は、いまは無人の島と化し、黒煙を見ることはない。

おわりに

波乱に満ちた彼の生涯をふり返ってみるとき、それぞれの想いが去来することであろう。筆者にしても、その特定の側面だけを強調することは、現時点では避けたい。しかし、彼と同時代を生きた若者や彼に続こうとした青年たちのほとんどが、田坂初太郎とはまったく異なった人生コースを歩んだことだけは、見落としてはならないであろう。明治四十四年に編集発行された『弓削村誌』の経済誌、戸口の部には、〝出稼〟について次のような統計と記述がみられる。

出稼の方面

海員は主として大阪・神戸・門司等に出で行き、海外旅行者は多く北米合衆国並に英領加陀奈の太平洋沿岸殊にバンクーバー地方、清国及び我が朝鮮近海にて水産業に従事し、他の労働をなすものは甚だ少数なり、下女奉公をなすものの出稼地は、大阪・神戸地方なり。

出稼の与ふる影響

出稼海員の過半数は、其の得る所の賃金全部を費消し、家族に仕送るものは僅少にして……

明治34年以後の弓削村戸数

年度	農	工	商	其他	合計	前年戸数に対する増減
明治三十四年	八二八	二七	一〇三	七四	一〇三二	増 二
同 三十五年	八三六	二八	一二五	五一	一〇四〇	増 八
同 三十六年	八四三	三二	一四〇	三五	一〇五〇	増 一〇
同 三十七年	八五〇	二九	一三九	三〇	一〇四八	減 二
同 三十八年	八三七	三三	一四三	四〇	一〇五三	増 五
同 三十九年	八四〇	三五	一四八	二九	一〇五二	減 一
同 四十年	八四〇	三五	一六三	二四	一〇六二	増 一〇
同 四十一年	八四三	三二	一七四	四一	一〇九〇	増 二八
同 四十二年	八五〇	四三	一七三	二八	一〇九四	増 四
同 四十三年	八七一	三八	一八〇	三一	一一二〇	増 二六

（『弓削村誌』より）

出稼人の推移

年度	海員	海外旅行者 男	海外旅行者 女	下女奉公	計	前年に対する増減
明治三十四年	六五〇	四八	二	二五	七二五	一四
同　三十五年	六五八	五〇	二	三〇	七四〇	一五
同　三十六年	六六二	五四	二	三三	七五一	一一
同　三十七年	六七〇	五九	二	三八	七六九	一八
同　三十八年	六七五	七一	二	四一	七八九	二〇
同　三十九年	六八〇	七七	二	四六	八〇五	一六
同　四十年	六九〇	八九	七	四九	八三五	三〇
同　四十一年	六九五	一〇二	九	五二	八五八	二三
同　四十二年	七〇一	一〇五	一二	五四	八七二	一四
同　四十三年	七〇五	一一二	三二	五五	九〇四	三二

（『弓削村誌』より）

明治三十年代、弓削村の戸数は約一千戸であるが、海員数は六百五十名ないし七百余名にのぼっている。海外旅行者（移住者）や下女奉公も年を追うごとに増加してきている。田坂初太郎も、本質的には、こうした一群の人びとの一員に数えられるべきかも知れない。しかし、これらの〝出稼人〟のうち、田坂のような好運児は稀であった。その多くは〝家族に仕送るものは僅少〃というのが実態に近かったのであろう。

付　記

本稿については、田坂初太郎氏の令孫 田坂健一氏、同じく二女の松本仲代女史から貴重な御教示と史料提供を頂いた。また、弓削町の末永等、小田実の両氏ならびに町史編纂室主任の田坂與紹氏から多大の御教示を受けた。記して深く、その学恩を謝したい。

（注1）　『日本塩業大系』資料編（古代・中世）同編集委員会
（注2、3）『弓削町広報』（昭和五十二年三月）所載〃郷土史〃（末永等氏論稿）
（注4、5）『海難審判史』高等海難審判庁編（昭和五十八年版）

六　小林善四郎―初代　弓削商船学校長の生涯

現在、弓削商船高等専門学校には、多くの女子学生の姿が見られる。昭和六十（一九八五）年四月の学科改組によって電子機械工学科が発足、さらに六十三年度より情報工学科が設けられた。この時期、男女共学制が明確にされたからである。商船系学科にも女子学生は増加しようとしている。こうして、校史上かつてない大転換が進行しつつある。ここで、一世紀近くのあゆみをもつ、この学校の草創期をふり返ってみることも無意味ではないであろう。

昭和四十二（一九六七）年に高等専門学校に昇格するまでは商船高等学校、その前身は愛媛県立弓削商船学校である。さらに、さかのぼると、明治三十四（一九〇一）年の弓削村外一ヶ村立弓削海員学校の誕生ということになる。

現在、日本の教育界には、多くのなまなましい課題が生みだされ、教育の荒廃が指摘され、必死に教育の原点が模索されている。

では、弓削商船学校草創のころには、どのような教師群像が見られたのであろうか。その中心にあった人物、小林善四郎校長は、どのようにおいたち、どのようにして弓削の地に着任したのであろうか。
彼がめざした豊かな全人教育や、当時としては、もっとも先進的とみられる科学技術教育の実態を、今日的視点から探ってみたい。

深められる人格と科学技術

大正九（一九二〇）年に校長の職を辞した小林善四郎にとっては、その最後の教え子の一人、梅林秀二氏（明治三十五年生、大正十三年卒、第十八期生）は、恩師の思い出を次のように語っている。

雨の日などには、靴ばきを禁じられ、ハダシであるなど、きびしくしつけられた。船会社の評価も高く、弓削商船の卒業生というと、就職面でも有利であった。しかし、慈愛深い校長で、いったん入学すると、ほとんど退学するような事例はみられなかった。小林校長は、クリ

落成間もない旧校舎（明治 34 年）

スチャンで、外人宣教師、ビッケル船長の福音丸は、たびたび弓削にやってきていた。

梅林さんより八年先輩であるいま一人の卒業生は、次のような手記を残している。

恩師の横顔　第十期生　神野琢磨

○小林校長は雷おやじであった。カンツウシイザエス（Can't see the "S"）と怒鳴られなかった生徒はただの一人もないであろう……

○浜田先生は横帆船時代からの海軍さんで校長に協力して我々時代の校風を築かれた……

○次は中堀先生の番だ。先生は今治藩出身の聖人型の人で極く小柄なので夏目漱石先生の「坊ちゃん」の中の「うらなり」のモデルその人である由

（同校『六十年史』）

〃うらなり〃のモデルといわれている中堀貞五郎は、旧制松山中学に勤務していたころ、夏目漱石と同僚であったので、その可能性は充分にある。弓削商船同窓会の『会員名簿』（昭和六十年刊）によると、中堀先生は明治三十八年二月に着任、大正三年二月に退職している。

それ以前、漱石が松山中学に在職した明治二十八年四月から翌年四月までの期間、ともに机を並べた間柄であったのである。

さきの神野琢磨氏（第十期生）の〃恩師の横顔〃には、次のような秘話が続いている。松中時代の話である。

中堀先生の教え子の三浦先生は南予の郡長の子だとか、英語の先生であった。私等の下級生が小説『坊ちゃん』時代の回顧談を先生に強請んだ処、その話の中に「修学旅行中広島の宿での出来事だ。寝室見回りの中堀先生が盗人だと布団むしにせられた。処が先生は中から中堀じゃ中堀じゃと言われた」と皆を笑わせたとの事である。

弓削商船を退職したのち、中堀先生は〃京都の疏水の辺で文具店を始められた。後に『坊ちゃん』のモデル、奇人某が同志社の数学教授に桐生中学から赴任して旧交を温め、先生も『坊ちゃん』に連る縁で商売も繁昌した……〃と、さきの神野氏は付記している。

文具店を開かれたのは事実であったらしく、弓削商船高等学校時代から商船高等専門学校時代にわたって、教壇に立ってこられた北川喜代磨氏も、次のように語られたことがある。

大正十二年か、十三年であったのか、（実は昭和初年、氏は昭和七年、広島文理大卒）旧制松江高等学校に在学中のこと、第三高等学校に入学していた友人を、京都に訪ねた際、中堀先生に面会したことがあった。中堀先生は、子規の妹と結婚（のち離婚）されているらしく、愛媛県の教育界関係の記事で、それを知った。

松山中学時代は理科、弓削では、国語も担当したらしい……

筆者も、昭和五十六年の十一月に開催された弓削商船創立八十周年の式典に際して、中堀先生の三人のご子息とお会いする機会があった。当時、長男の誠二氏は鹿児島大学の名誉教授（哲学）、弟さんの一人は島津製作所の役員で、ともに京都大学を卒業されたとのこと。いま一人の弟さんは海軍機関学校出身の中佐であったとお聞きした。八十周年の祝賀会は、体育館だけには収まらず、図書館のホールを第二会場とし、本校旧職員の遺族や在校生の父兄を中心にして開催するという窮余の策がとられた。この会場で、中堀家の三兄弟は、そろって壇上に立たれ、誠二氏が往年をしのんでスピーチをおこなわれた。第二会場の責任者として進行にあたっていた関係からか、中堀誠二氏の懐旧談と、そのあとの三兄弟の合唱は、いまだに印象に残っている。誠二氏は、次のように往年をしのばれるのであった。

私たちは、弓削島で生まれ、少年時代を弓削で送った。当時は、現在、校舎が建てられている一帯は、田圃で、夏ともなると、螢が飛び交っていた。官舎は、小林校長の近くで、たがいに、購読している新聞を読み終ると交換しあっていたので、それを持ち歩くのが、毎朝の私の日課だった……

その後、定年で退職されたのち、昭和六十年十月に、再度、来校された中堀誠二氏は、ふと〝私の父（中堀貞五郎先生―筆者）の性格は『坊ちゃん』のうらなりに似ているのかも知れない〟と漏らされた。松山中学時代のニックネームは〝コットリさん〟であったとか。地理の担当で、学校の廊下をコットリ、コットリ歩くので、こうしたアダ名がついたらしい。コットリ先生の松山中学時代の教え子の一人、水野広徳元海軍大佐もその自叙伝『反骨の軍人・水野広徳』（経済往来社）百四十頁に恩師、中堀貞五郎先生について、興味深い印象記を残されている。

三浦音一先生（明治三十六年〜大正十二年五月在職）のご息女、三浦由美子さん（幼名しず、宇和島市在住）とも、お孫さんが東京から本校に入学された際に、面談する機会があった。そのおり、彼女は〝父は明治二十九年に松山中学を卒業している〟と話された。とすると、在学中、漱石の講義を聞いたことがあったのかも知れない。

一方、『子規全集』（講談社）の年譜によると、子規の妹、律（明治三年生）は、明治二十二年六月十三日、中堀貞五郎と結婚、翌年四月二十一日、離婚とされている。子規の病臥中、〝看護婦デアルト同時ニオ三ドン〟（『仰臥漫録』）として、その介護に当たった出もどり娘は、ほかでもない、一度は〝うらなり〟先生の妻となった女性であった。離婚などという悲運にめぐり合うことが無かったとすれば、彼女も弓削の地で、約十年間を送ったはずなのであるが……。

このように、小林校長のもとには、あらためて明治という時代をしのばせるような教師たちがつどっていた。

専門科目では、造船の先生は代々、旧制の大阪高等工業学校の出身者ときまっていた。なかには、のち三井造船の取締役となったような人物もいた。金子光衛先生（明治四十四年〜大正七年在職）は、日露戦争当時、大成丸で実習したという方で、熱心なクリスチャンでもあった。小林先生も、学生たちには、まぎれもない信者として映っている。第十九期生の管友一氏の〝小林塾時代の母校〟（『六十年史』）の一節を紹介してみよう。

毎土曜日の晩には全校生を講堂に集めて懇話会、その時は必ず先輩からの手紙を鼻高に読みあげて自慢の一席……最後に賛美歌「やまじこえて」「めぐみのひかりは」を合唱し散会する。

宣教師ビッケル船長、ステッドマン氏等を月に一度は必ず懇話会に呼んで会話の練習……

山鹿素行、吉田松陰の建国講義に夢中の反面には、社会主義者賀川豊彦氏を招いて講演さすたびたび夫妻で来校したビッケル氏は、伝道船「福音丸」の船長でもあったが、『島々の伝道者―ビッケル船長の生涯』（沢野正幸訳、キリスト教新生会発行）のなかには、つぎのような逸話が紹介されている。

船長は学校に招かれて生徒たちに特別講演をした。一体どんな講演をしたらよいのか迷った。それは公立学校に宣教師たちはよく招かれたけれども、宗教について語ることは禁じられていたからである。ましてや弓削の学校は仏教信者の町の人々によって建てられたものである。宗教と教育は厳密に区別されねばならなかった。小林校長はそんなことに拘泥しなかった。彼は叫んだ。「あなたはキリスト教の先生として知られているのですから、キリスト教の話をして下さい。それが生徒のためになります」

一九一一（明治四十四）年、ビッケル氏が休暇でアメリカへ帰ろうとしたとき、瀬戸田（広島県豊田郡）で盛大な送別会が開催されたが、この集会には弓削の商船学校の教師と生徒が参加し、小林校長は〝ビッケル船長送別の詩〟を贈った。

春はたけなわ　風は東
柳はみどり　花は赤らみ
讃美を乗せて　船は故国に

船は走る　帆をあげて
　見よ！　福音丸の船長
　　彼ビッケル船長に
　　　別れのあいさつささぐ（同前）

弓削商船学校の初期の卒業生たちは、そのほとんどが、小林校長はキリスト教の信者であったと考えている。ただし、キリスト教の関係者に強い親近感をいだいていた小林善四郎ではあったが、〝父は生涯、洗礼を受けることは無かった。後年、母（サダ）だけは、父の影響があったためか、洗礼を受けていますが……〟と、長女の小林愛子氏（弓削町在住）は語っている。そうであったからこそ、ビッケル氏に対しても、さきのような姿勢を示すことができたのかも知れない。教育者としての小林善四郎が深めようとしていたのは、広い意味での人間性であり、宗教的な情操は、

講習科生と第一期生（明治34年度）

その手段にすぎなかったのであろう。

〝小林塾〟と称された時代の、いま一つの特色をあげるとすれば、それは〝修学旅行〟ではないであろうか。あるときには愛媛県下を宇和島方面に向けて、ときには山陰地方までといった風に、徒歩で〝行軍〟するのである。大八車をひいて、必要な物資を輸送することもあったらしい。もちろん、現在、実施されている修学旅行に近いものもあった。いずれにしても、日清戦争以後の軍国主義の影を伴ってはいたが……。第一期生（明治三十四年入学、同四十年卒）の浜田喜四郎氏の手記で、その一端をうかがってみよう。明治三十六年四月十日、神戸沖でもたれた観艦式の見学をはさんでの数日間の日程である。


商船会社の中国航路船天竜川丸で尾道から神戸に行った。神戸に着いたのは夜明頃であったと思ふ。救済会が観艦式拝観に行く救済会員をのせるのに郵船会社の広島丸をチャーターした。これに便乗を許されて乗込んだ。（中略）六十一隻の大艦が輝く軍艦旗をひらひらと翻してズーッと列んだ有様は実に心強いものがあった。……列んだ軍艦の間を小巡洋艦を先導にしてお召艦浅間は徐々に進航する……

四十名ばかりの生徒は、その夜は日本海員救済会の神戸の教習所の教室で寝た。寄せ集めた机の上で、毛布にくるまっての一夜である。小林善四郎は、日本海員救済会の阪神支部の幹事と神戸高等海員養成所の教員を兼務したことがあった。明治二十九年九月から同三十四年三月までの五年たらずの期間であるが、こうした関係からの企画であったのではなかろうか。

翌日、一行は、小林校長の親類宅で朝食をとり、大阪に向かった。大阪では、右近権右衛門氏の伝法町の別宅に滞在し、毎朝、徒歩で天王寺まで通い、おりから開催中の博覧会を見学したり、名所や遺跡を回った。

その後、天満橋から伏見行きの外輪式の汽船に乗った。京都に到着した一行は、太閤さんの墓にはじまり御所、清水、嵐山に、さらに金閣、銀閣へと足をのばしている。まさに校長を団長とするヒッチハイクと言えるようである。分散行動の際に、小林善四郎校長にしたがった浜田少年は〝うららかな春の日を色々なことをシャベリながら楽しく歩いて行った。昔の助さん、格さんの様〟であったと回想している。

帰途は、ふたたび大阪に立ち寄り、造兵工廠に行って、陸軍の廃銃五十丁の払い下げを受け、大阪の川口まで、かついで歩いたという。出発以来、半月近い旅行であった。

この修学旅行は、観艦式にはじまり、廃銃の払い下げに終わっているように、この時期の日本が置かれていた現実のなかでのいとなみであった。しかし、同行した少年たちは、社会的制約を越え、未来を夢みることができたのではなかろうか。

しかし、キリスト教のよき理解者であった小林校長にしても、いよいよ本格化し始めていた日露戦争に向けての動きに対して、内村鑑三のように明確な批判をしていたかどうかは、疑問である。やがて、日露両国の戦いによって、弓削村からも戦死者が出現した。その弔慰文（弓削町木曽新一氏蔵）には次のように記されている。

陸軍歩兵二等卒、河本八太郎君、嚮キニ征露ノ軍ニ従ヒ各地ニ転戦シ、客年十月二十二日、清国盛京省東鶏冠山役ニ於テ終ニ名誉ノ戦死ヲ遂ケラル、嗚呼悲シイ哉、然リト雖モ皇軍ノ向フ所、連戦連捷ノ功ヲ奏スル者、皆君等忠戦ノ賜ナリ……本校教職員生徒謹ミテ茲ニ会葬シ聊カ蕪事ヲ述べ以テ弔慰ヲ表ス、願ハクハ享ケヨ

明治三十八年三月三日

弓削甲種商船学校長　小林善四郎　敬白

もちろん、〝聖戦〟の犠牲者をいたんだ弔慰文のなかに、私情をさしはさむことは、到底、許されることではないが、その心中は、さきの弔文どおりであったのかも知れない。

以上の考察でも明らかなように、〝小林塾〟は大家族主義を基礎としていた。それを支えていたのは、儒教的な倫理観に融合していたであろう、キリスト教的世界観であった。

いま一つ、小林校長時代の弓削商船学校の特色として、あげることができるのは、実学の重視であろう。小林校長は、みずから、英語の原書によって、運用学を講じていたといわれるが、開校当初から、隣接している因島の備後船渠に出向き、実習をおこなった。備後船渠はやがて因島船渠株式会社に、のちに大阪鉄工所（日立造船の前身）の因島工場へと変身していった。

また、さきに紹介した〝修学旅行〟にあわせて、盛んに〝ボート巡航〟も実施されている。一週間から十日間くらいをかけて、瀬戸内海を東に西に、帆走したり、あるいはオールに頼って巡航しながら、天候や潮流にいどみ、実地に操船術を深めるのである。その間、航海中はもちろん、入港中も狭いボート内で寝食をともにするのである。こうして、大家族主義と実学こそが、草創期の弓削海員学校、弓削商船学校を支えていた車の両輪であった。

このような〝小林塾〟を卒業したのち、遭難、殉職などという悲運に直面する同窓生が現れたりすると、母校には沈痛な空気が流れ、悲歌が作られ、歌われた。明治四十四年九月、海南島付近で遭難した神州丸の三等運転士　河沼源治郎氏と実習生　西村健一学生をとむらった、作詞者不明の歌詞が、もっとも著名である。

我が腕ためす実習も
いと安らかに成し終へて
今年長月十九日
神州丸へと乗込みて
（中略）
学びの庭の弓削島の
さゞ波よせる松原に
慈愛に富める師の君を
思いめぐらす休み時
（後略）

おそらく、この歌のなかに現れている〝師の君〟のなかに、小林校長の面影も加えられていたに相違なかろう。

それでは、慈愛深く、厳格で、〝大家族主義〟と〝実学〟をバックボーンとする偉大な個性は、どのように形成されていったのであろうか。しばらく、そのおいたちに目を転じてみよう。

おいたち

『六十年史―弓削商船高等学校』（昭和三十七年刊）には次のような記述がみられる。

小林善四郎氏は文政六年四月十六日江戸番町に力石勝之助氏の四男として生まれた。父勝之助氏は徳川家の旗本で御納戸役を勤め明治になってからは宮中御歌所の講師となった人である。善四郎氏は幼時小林家の養子となったが、養父が新潟県庁に奉職したのでそこで成長した。

しかし、その履歴書によると、生年月日は安政六年四月十五日とされているので、さきの文政は安政に、また四月十六日は四月十五日と訂正しておこう。

実父の力石勝之助は〝御納戸役〟を勤めたとあったが、御納戸役というのは、『江戸幕府役職集成』（笹間良彦著、雄山閣出版）によると〝将軍の手許にある金銀、衣服、調度の出納を掌り、大名旗本が献上した金銀、衣服や、将軍の下賜する金銀衣類一切を取扱う〟役職である。

しかし、御納戸役に就任したことがあったとすれば、それ以前か以後、おそらく以前ではないかと思われるが、力石勝之助が箱館奉行所に勤務していたことは確実である。函館市中央図書館所蔵の筆写本『箱館奉行所支配調役力石勝之助関係文書』（箱館着任前後の辞令集）

に、次のような記述が残されているからである。

嘉永七寅年七月三日、伊勢守殿丹阿弥を以御渡

御勘定吟味役江

御勘定吟味方改役並

力石勝之助

右箱館奉行手附相勤候様可被申渡候

尤箱館奉行可被詰候

閏七月十九日

御勘定吟味方改役並

力石勝之助

（中略）

箱館奉行支配調役被

仰付勤候内百五拾俵之高ニ被成下、御役扶持拾人扶持、御役金九拾両被下候旨於躑躅

間久世大和守殿被仰渡

あわせて起請文が提出されているが、箱館までの引越料として金六十両が支給されている。

このようにみてくると、力石勝之助は幕臣であったに相違なく、嘉永七年（一八五四）まで、江戸にあって、御勘定吟味方改役並の職にあったが、同年閏七月の発令で、遠く箱館奉行所の支配調役に転じたことが明らかである。その際の禄高は百五十俵、御役扶持は十人扶持、御役金九十両である。

箱館への赴任にあたり、同年八月九日に差しだされた次のような願書もみられる。

弟并厄介従弟女江戸表江差置候義
相願候書付
私義此度家内一同箱館表江引越可申候処
弟小倉省五郎　私手前罷在候厄介従弟女
両人共病気ニ罷在、此節前而相勝不申候ニ付、療養中私弟清水附勘定格蔵方組頭出役
桜井権右衛門方江差置申度奉存候、依之此段奉願候、以上

これによれば、右の両名を除いて、力石勝之助の家族一同は、箱館に向かったものであろう。御関所通手形に〝女上下四人内小女壱人〟とあるところから、妻女を伴っていたことは確実である。

『世界を見てしまった男たち』（春名徹著、文藝春秋刊）には〝彼は安政四年支配組頭に

昇進、文久元年に賄頭に転出して外交事務を離れた……〃（同書三百八頁）とある。この記述は、内閣文庫（国立公文書館）蔵の多聞櫓文書（明細短冊）に見られる力石勝之助の経歴に拠られたものであるが、この明細短冊（二通）の一には、次のように記されている。

高弐百俵　本国上野　祖父力石助蔵元火之番相勤申候
生国武蔵　父　力石惣左衛門元小普請
内百五拾俵御足高
力石勝之助
外弐百俵　御役料　卯年五十三
天保七申年三月廿三日家督被下置如父時小普請ニ入同
十二丑年閏正月廿八日
林大内記
林大学頭
方書物御用出役被仰付同年十一月晦日御勘定吟味方改役並出役被仰付、弘化元辰年九月廿九日御勘定吟味方改役並被仰付、安政元寅年閏七月十九日箱館奉行支配調役被仰付、同二卯年六月廿日同組頭勤方被仰付、同巳年正月廿四日同組頭□□御目見以上被仰付、文久酉年四月十八日御賄頭同日表御台所年番兼勤被仰付当卯年迄二十七年相勤

中候

箱館奉行所に勤務していた時期（巳年＝安政四年）に、身分も〃御目見（得）以上〃となっている。その後、文久元年（酉）に御賄頭に就任するまで箱館奉行所に勤務したとすれば、安政六年生まれの善四郎は、実父、力石勝之助が箱館に勤務していた時期に誕生した訳である。ただし、生後間もなく善四郎を養子に迎えた小林家の家譜には、後出のように、東京（江戸）で出生したとされている。

力石勝之助が箱館奉行所支配調役として勤務していた安政二年（一八五五）には、箱館港に入港してきた英国のエリオット艦隊のシビーユ艦を訪問したことがあった。その際、イギリス側の通訳の任に当たっていたのは、日本人漂流民、力松であった。彼は、一八三七年のモリソン号事件に際し、同号に乗船していた日本人漂流民の一人で、日本への送還が失敗に終わったのちは、香港で生活、やがてイギリス艦隊の通訳を務めていたものである（先出、『世界を見てしまった男たち』）。また、『描かれた幕末明治』（金井圓編訳、雄松堂出版）には、『絵入りロンドン新聞』（イラストレイテッド・ロンドン・ニュース）の一八五五（安政二）年十月二十日号の記事（箱館奉行所の力石勝之助一行のエリオット艦隊訪問の状況）が収められている。その通信員は、他でもない力松である。

力石勝之助が江戸に帰り賄頭の任に就いた以後のことについては、明らかではないが、先出の『六十年史』に〝宮中御歌所の講師となった〟とあったように、その方面では一定の評価を受けた時期があったらしい。その号、重遠の署名がみられる短冊類は、未だに小林愛子氏宅に残されている。

なお、力石家の菩提寺は、東京都文京区小日向町一丁目四〇〇八番地にある日輪寺であり、同寺には力石勝之助の墓も残っているとのことである。

しかし、善四郎は故あって、誕生後間もなく小林伴七の養子となった。同家の家譜に付記された記載には、次のように記されている。

安政六巳未年四月十五日午前六時、東京麹町区上六番町六番地邸ニ生、力石勝之助重遠四男……幼名四郎、同年六月廿日、嗣子トス

こうして、力石家の四男、善四郎は、小林家の嗣子として迎えられたのである。参考までに、小林伴七の写真（明治十六年、新潟にて撮影）の裏面に記されている同家の家譜と伴七の経歴を紹介してみよう。

新潟県士族

父　小林安兵衛精通

母　梶川万右ェ門娘エン

三男　小林伴七定通

文政十一年戊子六月廿二日、東京府小石川牛天神脇邸ニテ出生、法号、定通院密機良光居士

徳川十二代将軍家慶公（慎徳院殿）御代、天保十一年十二月廿七日、作事奉行支配畳蔵門番同心ニ被召抱、更ニ分籍ス。慶応元年九月二日、新潟奉行支配並役ニ転シ、十二月十八日、越後国新潟官舎ニ移ル。明治元年六月一日、奉行所ヲ米沢藩主上杉家江引渡ニ付、同家江付属シ、七月廿九日、官兵、奥羽越江進軍之際、新潟民政局出仕被命、二年二月五日、本府収税下調試補拝命……三年七月三十日、仲掛取締助被命、十月十一日、貢米回漕ニ付、北海道函館港江出張被命、四年一月廿五日、信濃川大河津線分水堀割掛十六等官出仕拝命分三等官禄ヲ賜ル、四月十八日、新潟県士族ニ被命、六月廿九日、貢米回漕ニ付、北海道小樽港江出張被命、五年二月廿二日、改政ニ付、等外二等拝命、六年二月二日、等外一等拝命、七年十二月廿七日、依願等外三等拝命、八年三月四日、等外二等拝命、同十六日、官省札引換ニ付、東京江出張被命、九年二月十四日、依頼免職、三月三十日、等外二等拝命、十年一月廿六日、改政ニ付、官吏

一同出仕ニ不及旨被命、同廿九日、更ニ等外二等拝命、十月廿四日、信濃川改修工事為伝習出張被命、十三年三月廿三日、等外一等拝命、十五年四月十日、十七等出仕拝命、十八年一月十九日、九等属拝命、四月七日、依願被免本官

以上のように、養父 小林伴七が慶応元年、新潟奉行支配並役に転じた関係から、小林善四郎は同地で幼少年時代を送っている。ところで、弓削商船学校の初期の卒業生のあいだには、善四郎の幼少期について、きわめて興味深いエピソードが伝わっている。同校、航海科の八期生、中辻守之助氏（故人）の寄稿（『グラフＮＨＫ』一九八〇年二月号、読者のポスト〟教育に対する熱意〟）によって、それをうかがってみよう。

（前略）当時、私が通っていた学校は、現国立弓削商船高等専門学校の前身、愛媛県立弓削商船学校で、初代校長の小林善四郎氏は、江戸川の聖人といわれていた敬宇中村正直の甥であった。小林校長は戊辰戦争のときに、白虎隊の入隊を拒まれ、自宅に帰り切腹寸前に母者にとめられたという人。そのとき十四歳であったという……

こうした逸話は、善四郎が、その幼少期を、新潟を中心に、北陸方面で過ごしたことと無関係ではないであろう。ＮＨＫの昭和五十五年度の大河ドラマ〟獅子の時代〟を連想させて、きわめて興味深い話でもある。しかし、戊辰戦争当時、彼は、まだ九歳ないし十歳である。

たしかに、養父の小林伴七は、さきに紹介した経歴によると、明治元年六月一日、新潟奉行所が米沢藩主、上杉家に引き渡され、小林伴七も同家に付属したとされている。米沢藩も奥羽越列藩同盟に加わったが、間もなく離脱している。小林伴七は明治元年七月、〃官兵、奥羽越え進軍之際〃に新潟県民政局に出仕したとある。会津白虎隊の自刃は同年八月末のできごとであるので、善四郎の年齢を無視するとしても、白虎隊がらみの話は何かの誤伝に相違ないであろう。小林善四郎の長女、小林愛子氏も〃父の生前、この種の話を、直接、耳にしたことはなかった〃と語っておられる。ただ、直接、白虎隊にかかわりがなかったとはいえ、善四郎が激動する維新期に身を置いたことは明らかである。

一方、先の寄稿で触れられている〃中村正直の甥〃は根拠のない話ではない。小林家には、東京、小石川江戸川町十八番地在住の中村正直から、越後国古志郡長岡町続草生津村、猪井善二方止宿の小林伴七あての書簡（明治十四年十月十六日付）も残されている。

中村正直の父は武兵衛重一といい、幕府の二条城交番同心であった。もとは伊豆国宇佐美村（現静岡県伊東市）の農民で、苗字帯刀を許された佃家の次男であったが、当時、二条城交番同心といって、隔年に京都詰めを命ぜられる御家人 中村忠太重正の御家人株を得て、その家を相続したものとされている（『中村敬宇』高橋昌郎著、吉川弘文館刊）。

なお、小林愛子氏は〝中村正直は、一時、小林家において生活した時期もあったように伝え聞いている〟と語っておられる。両者の血縁関係は明らかにし得ないが、少なくとも、何らかのつながりがあったことは否定できないであろう。こうして、幕末にはイギリス留学という貴重な体験をもち、維新後は、すぐれた英学者、キリスト者として活躍した人物を、身近な縁者としてもった意味は、小さなものではなかったであろう。中村正直が翻訳した『西国立志編』が、明治期日本にあたえた影響の大きさから考えても、善四郎が中村正直の存在を意識しなかったとは、到底考えられない。

中村正直（敬宇）は、慶応四年（明治元年）の四月、留学さきのロンドンにおいて、幕府倒壊の危機、大政奉還の報に接し、幕府派遣の一行とともに、一年半の留学を終え、急きょ帰国することとなった。その際、友人のH・U・フリーランドからスマイルズの『セルフ・ヘルプ』の原本を贈られた。中村は、日本に帰る船中で、この書を熱心に読み続け、そのなかばを暗唱するにいたったといわれる。帰国後、物心両面にわたって、うちひしがれていた旧幕臣の実態に触れ、彼らを激励し、自主・自由・職業の神聖・勤勉・誠実などの倫理観を深めることを念願して訳述されたものが『西国立志編』であった（同前）。正直の処女出版は、旧幕臣のみならず、ひろく日本国民をとらえ、明治初年のベスト・セラーの一となった。

おそらく、『西国立志編』は、若き日の善四郎に対しても、強い感銘を与えたことがあったに相違あるまい。

学校教育

善四郎は、養父が新潟県下に勤務していた関係から、同県下で成長し、明治五年二月に文部省直轄新潟英語学校に入学し、同九年七月に卒業している（明治四十三年に認めた履歴書による。『六十年史』では明治七年卒業とされている）。

当時の新潟英語学校の状況は、『新潟旧友会写真帖』（明治末期〜大正初期発刊、小林愛子氏蔵）などによって推測するほかはないが、この写真の生徒名簿（明治九年七月〜十年二月）の上等語学第一年生のなかに、小林善四郎の名も見られる。同学年在籍者は七名であり、学年構成は、上等語学第一年生を最高学年として、以下のようである。

上等語学第一年生
下等語学第三年生
〃　〃　第二年生
〃　〃　第一年甲生

〃〃第一年乙生
〃〃第一年丙生
〃〃第一年丁生

下等語学第一年生については、甲、乙、丙、丁の四クラス編成であったことが、うかがわれる。おそらく、年齢構成も複雑であったのであろう。記念写真を見ても、在校生の年齢には相当な開きがあったに相違ないように思われる。

同校には、外人教師として、米国籍のワイコック夫妻、同マキシメラ＝プレスコット＝ターベル女史、英国籍のサンマー氏らが勤務していたが、ほかに二等教諭 大石直道らの日本人教師が教鞭をとっていた。写真で見るかぎり、校舎も、当時の一般のそれに較べると、はるかにモダンな建築であったようである。

この学校に在学中、その時期は明らかではないが、善四郎は、しばらく、外人教師の自宅で生活していたこともあったらしい。小林家の養母イネは、明治二年五月に新潟の官舎で死去しているので、こうした家庭事情が影響していたのかも知れない（小林愛子氏談）。このようなおいたちから推測すれば、その語学力は相当の水準に達していたものと考えられる。

なお、同校の外人教師ワイコッフ（Wycoff Martin N. 一八五〇〜一九一一）は、『お雇い外国人—教育・宗教』（重久篤太郎著、鹿島研究所出版会）によると、福井藩校司治学院に勤務したこともあったらしい。

新潟英語学校の上等語学第一年生を終えたのち、善四郎は三菱商船学校（その履歴書には「東京」の文字が冠されている）の第二期生として入学することになる。同校は、のちの東京商船学校（旧東京高等商船学校、現東京海洋大学）の前身であり、明治八年、永代橋の下流に係留された成妙丸を校船として発足している。

第一期生の授業開始は明治九年一月であったが、同期生のうち平民出身者は僅か九名、残る三十五名は士族出身であった（『東京商船大学百年史』）。善四郎の残した履歴書には、同校への入学年次は記されていないが、第二期生は多分、明治十年の入学であろう。草創期の状況は運用科一回生、伊藤治三郎の回想によってうかがえる。

校舎というのは永代橋畔の例の銀町にあって、元郵便汽船会社の建物を三菱が譲り受け（た）其倉庫の脇に一ヶ所小屋があったが、之れを学校の付属舎にした。之れは受付門衛を置いたくらいのもので、主なるものは隅田川の下流に繋いである成妙号で（あるが）、之れが商船学校の本校で寄宿舎、賄所、食堂、教室、事務所等を包含していた。生徒は機関室の両方の中甲板にある室を占領して、之れを寝室、食堂、教室に兼用していた。夜はハンモックを釣って寝たので、昼は之れをレイルの下に入れる所があって之れに納めて置き、掃除をしてしまうと直ちに食堂となる、再変して之れが教室となるといったような次第で、又復習にも使用した。半ば御役人のような所もあった（同前）。

入学年齢は十四歳～十八歳、在学年限は運用（航海）科については在校二年、実地三年（明治十年九月改正）と規定されており、改正以前は、「本則」は同一規定、「仮則」では在校一年、実地二年と定められていた。

校舎といっても、隅田川の岸に係留された成妙丸であったが、この校舎での生活は、なかなか厳しいものであった。早朝五時、総員起床（土曜日のみ五時半）に始まり、午後十時十分（同九時十分）の巡視に終わる日課である（同前）。

生徒は、修学経費の出所区分によって、貸費生と自費生の二種に分かれていた。貸費生は、卒業後、三菱会社の船舶の運航に従事することを条件に、一ヶ月に十円（明治十年九月より八円）を貸与する制度であり、卒業後、分割返納のしくみであった。現在の奨学資金である。自費生については、卒業後、就職についての制約がない反面、月十円を納入することになっていた（同前）。善四郎は、あとで紹介するように、同校を卒業すると、ただちに三菱会社に入社しているので、あるいは貸費生であったのかも知れない。小林伴七には、嗣子として迎えた善四郎のほかにも子女があったので、その教育費は相当の負担であったと思われる。養父、伴七の家庭状況からすると、その可能性は大きい。

善四郎が多感な青春時代を過ごした校舎がわりの成妙丸は、明治政府が三菱会社に対して無償で下げ渡したものの一隻で、一八六二年、イングランドで建造された鉄製暗車（スクリュー）汽船であった。長さ百八十尺、幅二十四尺、三本マストで三百トン等と記されている。機関は取りはずされていたが、何分にも手ぜまな船内での生活、それも係留中の船内である。善四郎が在校中であった明治十二年七月には、生徒のなかからコレラ患者が発生し、不幸にも死亡するような事故も伝えられている（同前）。

教育課程は五級から一級までの各級別に編成されており、実地航海（実習）は、運用科では、一級に進んだ段階で、三年間にわたり実施することになっていた。座学（教室での学習、明治十四年には校船も廃止されていた）を終えたのち、実地訓練によって航海技術を深めようとしたのであろう。ただし、当時は現在のような練習船（航海訓練所所管）はなかった。したがって、実習も、いわゆる社船実習に頼るほかなかった。

善四郎が三菱商船学校を卒業したのは明治十四年十二月四日付である。旧制東京高等商船学校の校友会誌に、そのような記録が見られる。当時は、社船実習の終了次第、順次卒業するしくみであった。

いずれにしても、彼は明治十年から十四年の暮まで、激動を続ける日本の政治、社会の動きを、首都、東京の隅田川に浮かんでいた校船上で、また社船実習中の船内で、敏感に受けとめていたに相違あるまい。この期間には、最後の士族反乱である西南戦争（明治十年）を皮切りに、翌年には大久保利通が暗殺されている。国会開設、条約改正、地租軽減を中心に、自由民権運動も高揚し、明治十四年の政変で大隈重信らが政府から追われ、国会開設の詔が発布された。善四郎は十八歳から二十三歳までの最も多感な青少年期を、どのような想いのもとに過ごしたのであろうか。明治新政府に対して、民権運動を推進した陣営から〝藩閥政治〟とする批判も高まっていたこの時期、幕臣につながる実父や養父母をもった善四郎の心中も、あるいは複雑に揺れていたのかも知れない。しかし、そのような青春時代の思想遍歴をうかがい知ることのできる資料は、ほとんど残されていない。ただ、彼の一年先輩である三菱商船学校運用（航海）科第一回生の出身地と族籍は、東京都出身者六名（士族五、平民一）を最多として、石川県の四名（士族三、平民一）、これに旧徳川領の静岡県（士族三名）が続き、二十二府県（北海道開拓使を含む）にわたっている。

しかし、明治政府を支えていた薩摩（鹿児島）と長州（山口県）出身は、各二名の士族に過ぎない。戊辰戦争のなまなましい記憶も消え去っていないこの時期、さきのような出身地と族籍の学生たちのあいだには、当初、どうしようもない感情的な対立が生みだされたであろう。ただ、大局的にみると、士族出身者、それも旧幕府あるいはそれに近かった旧藩出身の子弟が多かった関係上、旧幕臣を実父に、新潟県士族を養父にもった善四郎には、意気あい通ずる学友も多かったのではないだろうか。

ただ、その胸中には、薩長出身者に対して、ある種の感情も残されていたのかも知れない。善四郎は幼少のころ（時期不明）〝薩長の人間も、米の飯を食べているのか〟と言って、養母にきつく叱られたことがあったといわれる（小林愛子氏談）。少なくとも、養母イネが健在であった明治維新の動乱期には、新政府に対して一定の感情をいだいていたことがあったのかも知れない。一方、中村正直（敬宇）のような、すぐれた西欧文明の理解者（キリスト者でもあった）と縁続きであったことも、西欧の科学技術や近代文明への関心を深め、新潟英語学校から三菱商船学校に進む動機となったのかも知れない。

三菱商船会社時代

善四郎の進路から判断するかぎり、養父 伴七は、時代の推移については、相当、正確に把握していたものと思われる。善四郎の義理の弟妹のなかには、東大やお茶の水女子大の前身に入学したもののもあり、なかなかに多彩である（小林愛子氏談）。

三菱商船学校を卒業する直前のころと思われるが、明治十四年十月十六日付で、中村正直が養父 伴七にあてた手紙が保存されている。さきに触れたことがあるように、当時、伴七は越後国古志郡長岡町続草生津村に、正直は東京、小石川江戸川町十八番地に在住中であった。その文面には、次のような記述が見られる。当時、善四郎は一級の課程に進み、実地航海（実習）中であった。

……陳者、善四郎様、暴風破船之中　無恙御帰京被成奉賀候、金員郵便為換手形ヲ以テ金弐拾円御返し被下、即御状落手　金員受取申候ニ付、此段御報知申上候也

早々頓首

十四年十月十六日

中村正直

小林伴七様

善四郎が、〝暴風破船〟の危険に直面したのち、無事帰京、その際、中村正直から借用したらしい〝金弐拾円〟を、養父 伴七から郵便為替で送金したときの受け取り状である。当時、小林伴七は新潟県等外一等（官）であり、中村正直は、その年譜（『中村敬宇』高橋昌郎著、吉川弘文館）によると、東京女子師範学校摂理を辞任、東京大学教授に任ぜられた（明治十四年八月）直後のことである。

しかし、この〝暴風破船〟の詳細―その船名、遭難場所や状況等については、ほとんど史料らしいものは残されていない。ただ、氏の長女、小林愛子氏は次のように語られている。

身につけたもののうち、お守り札一枚だけが残ったというように、一命も危ないような海難事故にあったこと、その場所は、九州の沿岸あたりであったらしいこと、また、僅かに二ヶ年だけ、乗船勤務したのち、学校に奉職することになったのも、こうした体験と無関係ではなかったように聞いた記憶がある。

一方、この海難事故では、たまたま愛媛県越智郡弓削村（現 上島町弓削、弓削商船高等専門学校の所在地）の出身者が同じ船に乗務中、船長らと共に殉職したという話も伝わっている。その船員は、弓削商船高専の旧職員、東谷玉子氏（現在、因島市土生町在住）の祖母の父にあたる人物であり、そのような因縁から、やがて同地に赴任してきた小林善四郎夫妻と東谷家のあいだには、親しい交際が続いたといわれる(同氏談)。

実習中、海難事故に直面した善四郎も、〃暴雨破船〃から間もない明治十四年十二月、学窓を巣立っている。小林家に残されている三菱商船会社の辞令のうち、最も古いものが同年十二月十四日付のもので、「須磨ノ浦丸士官心得、月給廿五円」とある。また、それに符合する西洋形商船海員雇止証書は明治十五年七月十五日付であるが、雇入年月日は明治十五年一月十五日付、雇入期限は六ヶ月間、船主氏名は岩崎弥太郎となっている。

小林善四郎は、海洋会(旧制高等商船学校および商船大学卒業生の組織)の名簿でも、(三菱商船学校)第二期生とされているが、東京高等商船学校校友会会報に記されているように明治十四年十二月十四日付の卒業とすると、同日付で三菱商船会社に就職し、須磨ノ浦丸に士官心得として乗務したことになる。残されている辞令によると、その後の乗船履歴は次のようである。

日付	辞令の内容	月給
明治十四年十二月十四日	須磨ノ浦丸士官心得	二十五円
明治十五年七月十五日	和歌ノ浦丸士官心得	二十五円
明治十六年三月二十五日	赤竜丸運転士心得	二十五円

明治十六年七月十七日　和歌ノ浦丸運転士心得　二十五円
明治十六年八月二十二日　赤竜丸二等運転士　二十五円

最後の乗船となった赤竜丸乗務中には、次のような賞状を受けている。充実した海上生活であったのであろう。

小林善四郎殿
右者本年四月十日ヨリ今年七月廿七日迄本船運転士心得トシテ乗組中、品行端正ニシテ能其職務ヲ勉励致シ、其段満足之至リニ存、依テ一言ヲ記シ以証之
十六年七月
三菱汽船会社
赤竜丸船長　福井光利　印

この賞状によれば、赤竜丸に乗務したのは明治十六年四月十日からであったらしい。したがって、同年七月、表彰を受けたのち間もなく、同年八月二十二日付で赤竜丸の二等運転士に昇任したのであろう。ただし、月給は依然として二十五円にとどまっている。

さきの辞令に対応する西洋形商船海員雇止証書によると、それぞれの乗船期間は次のようである。

須磨ノ浦丸　明治十五年一月十五日～七月十五日
和歌ノ浦丸　明治十五年九月二十五日～十六年三月二十九日
赤竜丸　　明治十六年八月二十一日～十二月十九日

一部に欠落（明治十六年三月～同年八月）があるが、これは再度の和歌ノ浦丸の乗船期間にあたっている。また、最後となった赤竜丸の雇止の事由は〝願ニ依テ〟とされている。明治十六年十二月十九日をもって、海上生活から教職に就くことになったのである。

この間の職務は、士官心得（須磨ノ浦丸）、三等士官（和歌ノ浦丸）、運転士心得（赤竜丸）、二等運転士（赤竜丸）へと進んでいる。現行の日本船籍の商船の雇い入れとは異なって、六ヶ月ごとに更新する（現在では、通常一年契約である）西欧諸国の雇入形式を採用している点が注目される。なお、各乗船のトン数は、須磨ノ浦丸　七百十五トン、和歌ノ浦丸千三百四十二トン、赤竜丸　三百七十九トンとなっている。当時としては日本における最高の商船教育を終えた善四郎たちの乗船は、この程度の段階にとどまっていたのである。

大阪商船学校時代

何通かが現存している履歴書には、どれも明治十七年一月に、府立大阪商船学校に転じたことが記されている。

ただし、その日付は一月十一日あるいは一月十七日などと微妙な相違が見られ、その職務も〝助教〟や〝教員〟などと、一定していない。同家に残されている辞令には、次のようになっているのであるが……。

小林善四郎

府立大阪商船学校教員

申付、月俸金弐拾五円

支給候事

明治十七年一月十一日

大阪府

その後の履歴は次のようである。きわめて順調なあゆみは、にわかに急転する。

明治十七年七月二十四日　自今月俸三拾円支給候事

明治十八年五月十三日　御用係兼務申付准判任候事

明治十九年一月九日　商船学校幹事心得申付候事

明治十九年十月二十一日　商船学校幹事申付候事

明治二十年六月十一日　自今月俸三十五円支給候事
明治二十一年十二月十八日　校長心得ヲ命ス、自今月俸三十五円支給候事
明治二十二年三月三十一日　廃府立大阪商船学校
明治二十二年四月一日　任東京商船学校助教
叙判任官四等
東京商船学校大阪分校在勤ヲ命ス
大阪分校幹事々務心得ヲ命ス
明治二十三年四月十日　東京商船学校大阪分校長ヲ命ス
明治二十九年四月十五日　兼任東京商船学校函館分校長
明治二十九年八月三十一日　依願免本官、免兼官

善四郎が着任した大阪商船学校は、もともと、明治十二年、住友吉左衛門らによって創立されたものが、明治十四年一月に大阪府に移管されたものである。この大阪府立商船学校が明治二十二年三月三十一日をもって廃され、東京商船学校大阪分校へと変身したことは、さきの履歴書にも明らかである。合併、統廃後、旧府立大阪商船学校の本科生は東京の本校に収容され、大阪分校には簡易科と別科を置いて、それぞれ、運転手、機関手の簡易速成と、

経験ある海技受験者に適切な学術指導を行っていた（『東京商船大学百年史』）。

独立していた府立大阪商船学校から、東京商船学校（三菱商船学校は、明治十五年、官立となり東京商船学校となる）の大阪分校とされていった事情について、さきの百年史は次のように記している。

（明治）十四年一月、府立となって、経費は勧業資金より支出し、政府より補助金を下付したのである。ところが市町村制実施により、右資金の融通が許されず、且生徒は地方よりの志願者が多く、卒業後は学校所在地にとどまる者でないので、地方費で支弁する理由なしとの建議がいれられ、かくは合併に踏切ったのであった。

しかし、この際の詳細な内容は、前掲書では、かならずしも明らかではない。たまたま、小林家に、この種の建議の草案と推測される文書が保存されていたので、この機会に、その概要を紹介してみよう。ただし、草案であるため、表題も、提出先や年月日も明らかではないが、その内容からすると、明治十九年一月以降、明治二十二年三月までに作成されたものに相違ないように思われる。この期間は、府立大阪商船学校幹事心得に任命されたのち、同校幹事あるいは校長心得在任中にあたっている。

客年冬、本校拡張ノ義ニ付、小官聊カ鄙見ヲ上申セシニ、幸ニ不可トセラレス、今春来、経費俄ニ増額セラレ、校舎ハ新築シ、校員及生徒ヲ増員シ、将ニ旧面目ヲ一新セントシ……本校後来維持ノ法ニ付、今猶一言ヲ述べ以テ前説ヲ終ラントス。

我国形勢四囲環海、通商貿易一トシテ、船舶ニ拠ラサルナク、実ニ東洋ノ新英国ト謂フヘシ、然ルニ、人民未タ航海学ノ何物タルヲ知ラス、今日ノ海員ヲ以テ昔時ノ日本形船頭視シ、卑シテ顧ミサル旧習アリ、現ニ此職ニ居リ、厳然トシテ自ラ海員ト称スル者モ、其実ハ無学無術ノ贋海員十中八、九ニ居ル、近時、貿易日ニ開キ、追々、洋航海ヲナサントスルトキニ方リ、西人ノ手ヲ借ラサラントスルモ誰ニ托シテ之ヲ運転セシムベキヤ……今日ノ海員ハ、学校ノ教授之ヲ助クルニ非レハ、何ニ従テ道ヲ訪ハンヤ、商船学校ノ設ケナカルベカラザル、多言ヲ竢タスシテ明ナリ。然ラハ則チ、現今、東京商船学校ハ、関東諸国ノ海員ヲ養成スヘキ責ニ当リ、箱立商船学校ハ、北海一円ノ中軸ニアリ、両ナカラ中央政府ノ直轄トナリ、巨額ノ学資ヲ備へ、規模已ニ整頓セリ、是レ今日ノ時勢ニ於テ、商船学校ハ、国家海運必須ノ急務ト認メラレタルカ故ナラスヤ。北陸及中国西南海ノ諸国ニ至リテハ、特ニ本校アリ、之カ衝ニ当ラントス。本校ハ元、府下二、三商人ノ発起ニヨリ設立セシモノニシテ、一時、相当ノ学費ヲ以テ維持セシカ、中比微ニシテ振ハス、明治十七年、全ク本府ノ所轄ニ渉リテヨリ、学資益々乏シク、殆ント廃校ノ度ニ至ラントセシニ、今回、本府当路諸国非常ノ尽力ニヨリ、漸ク本年度経費ハ、五千有余円ノ多キニ昇リ、之ヲ前年度ニ比スレハ、一時五倍ノ金ニ増額セリ……従来、本校ハ、本府勧業資金積立利子ノ一部ヲ剖テ維持シ来リシカ、本年ヨリ之ニ逓信省補助金二千円ヲ加ヘタリ。然ルニ……余輩予想ノ如ク、此金ハ、一時、中央政府ニ移スヘキモノトセハ、本校経費ハ之ヲ地方税ニ徴収センカ、彼ノ師範学校ノ如ク、生徒卒業ノ後、直ニ其地方教育ノ任ヲ負担セシムルカ、将タ亦、中学校ノ其居民子弟ヲ教育スルカ如キ、一地方ヲ画シ、直接ニ人民ニ関係スル者ナレハ可ナリト雖モ、本校ノ如キハ、大ニ其趣ヲ異ニシ、其来ル処ノ生徒ハ重モニ北陸及中国西南海諸国ニシテ、其関係スル処、日本全国ニアリ、細ク之ヲ言ヘハ、独リ大阪府ヲシテ其費用ヲ負担セシメ、他府県ヲシテ坐ナカラ其利ヲ占メシムルト云ノ傾向アリ、今試ニ、本校開設以来ノ就学生徒ノ原籍ヲ左ニ掲ケ参考ニ供セン……

府県	航海部 本科	航海部 簡易科	計	機関学部 本科	機関学部 簡易科	計	合計
大阪	一〇	九九	一〇九	六	三二	三八	一四八
広島	四	八八	九二	三	一八	二一	一一三
石川	八	八六	九四	七	三	一〇	一〇四
愛媛	六	七二	七八	一	九	一〇	八八

（生徒数の多い府県のみ紹介—筆者）

右表面ノ関係上ヨリ鑑ミ下スモ、本校ハ一タヒ之ヲ中央政府ノ直轄ニ委シ、国庫金ヲ仰キ暫ク之ヲ維持シ置キ、国民興学ノ気風、航業上、注目スルノ日ニ至リ、漸次之ヲ人民ニ放任セハ其可ナルニ庶幾シト、是レ小官ノ深ク信スル処、曩キニ命ヲ帯ヒ上京スルヤ、曽テ管船局長ニ面シ、談此点ニ及フ、局長曰ク然リト、小官私カニ喜ンテ胸中ニ蔵ス。且ツ夫レ、本校ハ久シク衰微ノ間ニ立チ、其成績上ニ至テハ、却テ東京商船学《ママ》ニ比肩シ、敢テ函館商船学校ニ譲ラス……希クハ之ヲ東京・函《ママ》立商船学校ニ傚ヒ、逓信省ニ委托セラレン事、小官懇願ニ不耐、謹テ具上ス。

大阪商船学校の歴史を知るうえでは、基本的な史料と考えられるので、あえて、ながながと紹介してきた。同校の発展のため、奔走を続けていた善四郎の胸中には、〝座学ヲ卒ル者ニハ、実地修技ニ供スル練習船及汽機工場ノ器械ヲ備ヘサルヘカラス〟(先出、建議の省略部分)といった壮大な夢が秘められていた。しかし、この夢は、やがて破れる。期待された移管は分校にとどまり、それも間もなく廃校となる。そして、さきの建議書の資料(府立大阪商船学校生徒原籍別人員表)のなかで第四位にあげられていた愛媛県下の孤島に新設された商船学校＝弓削海員学校の校長として着任することになるのであった。

ともかく、大阪商船学校は廃され、明治二十二年四月一日をもって東京商船学校大阪分校となり、善四郎は、その監事々務心得を経て、翌年四月十日、大阪分校長となった。

旧大阪府立商船学校は、こうして逓信省に移管され、官立となった。しかし、分校とされた関係上、本科生は東京に移され、大阪分校には、簡易科と別科のみが残されることになった。大阪商船学校の関係者、もちろん善四郎自身にとっても、これは予想外の事態であったのではなかろうか。函館商船学校は、依然として(明治二十四年五月まで)独立校として存続していた。

分校当時の大阪商船学校については、先出の〝百年史〟にも記述は少ないが、たまたま、開設されて間もない時期の『帝国議会衆議院議事速記録1』(東京大学出版会)によって、うかがわれる。次に紹介するのは、明治二十四年一月三十一日の同院予算案全員委員会の議事録である。

◎全員委員長(島田三郎君)是ヨリ逓信政府案ニ就イテ委員会ヲ開キマス

◎塩田奥造君(八十二番)外ノ問題ニ移ツテ逓信ノ方ニ移リマシタ……大阪商船学校ノ費目ト大阪商船会社ト云フコトニ就イテ総体ノ質問ヲ致シマス……(中略)

◎政府委員(逓信次官前島密君)大阪ノ商船学校ハ決シテ或会社ノ為ニ人ヲ作ラナケレハナラヌト云フ必要カラ興ツタモノデハ御座リマセヌ又、あすこ《ママ》ハ東京商船学校トハ大分趣ガ違ツテ居リマス、極簡易ノ学科ヲ教授致シマスル、彼ノ小イ船……瀬戸内辺ヲ通ツテああ《ママ》云フ船々……皆相当ノ噸数以上ノモノニハ、相当ノ海員ヲ乗セナケレバナリマセヌ……是ハ然ウ例ヘバ大阪商船会社ガ海員ヲ拵ヘル為ニスル抔ト云フコトハ、誠ニ思掛ケナイコトデ御座リマスル、どうか《ママ》ソレハ実際ニ於テ大阪商船学校デ教授ヲ受タ者があの《ママ》会社ノ船ニ沢山乗ツタト云フコトハ御座リマシタカモ知リマセヌガ故ラニ然ウ云フコトハ致シマセヌ……

質疑、応答から、当年の東京商船学校大阪分校の実態がうかがわれる。逓信次官 前島密の答弁内容と、さきに紹介した〝建議〟に見られる小林善四郎が描いていた商船教育の理想像とには、大きな格差が感じられる。また一面では、これまでの大阪商船学校と大阪商船会社のつながりは、相当に深いものであったことも推察される。

このように、小林善四郎の府立大阪商船学校ないし東京商船学校大阪分校時代は、一見、きわめて輝かしい時期であったように見える。しかし、彼は、この間、つねに商船学校の理想像と、きびしい現実とのギャップに苦しみながら、学校経営にあたっていたのではなかろうか。その間、明治二十九年四月には、東京商船学校函館分校長を兼任している。しかし、同年八月二十一日、本官（大阪分校長）ならびに兼官（函館分校長）を〝依願免〟となった。大阪分校は廃校される運命となったのである。

その後、同年九月より、日本海員掖済会の阪神支部幹事及神戸高等海員養成所に勤務することになり、明治三十四年三月まで、その職務に就いていた。その間の月俸は六十円から七十円で、それ以前と比べても決して少ない額ではなかったが、当人にとっては多分、失意の時期であったのであろう。在職すること数年で、新設された海員学校（弓削商船学校の前身）に校長として着任することになったことも、それを物語っているのではなかろうか。

前島密と小林善四郎

さきに紹介した明治二十四年の帝国議会（衆議院）の議事録のなかに、政府委員として答弁にあたった逓信次官　前島密の名が見られた。

彼は、一八三五（天保六）年、越後国に、上野助右衛門の二男として生まれ、一八四七（弘化四）年、江戸に出て修学、幕府の箱館諸術調所で洋学を学び、のちに六八年、幕臣　前島家を継いだ。戊辰戦争後は新政府に出任、七〇（明治三）年には駅逓権頭として郵便制度調査のためイギリスに出張、翌年帰朝ののち駅逓頭に任じ、日本の近代郵便制度の基礎を確立した人物として知られている。七八（明治十一）年には元老院議官を兼任していたが、八一（明治十四）年、いわゆる明治十四年の政変で辞職し、立憲改進党に参加して、大隈重信とも深い関係があった。八六（明治十九）年、東京専門学校（早稲田大学の前身）の校長に就任していたが、八八（明治二十一）年、乞われて逓信次官となり九一（明治二十四）年まで在職、その間の政府委員としての答弁が、さきの議事録である。晩年、一九〇二（明治三十五）年には男爵を授けられ、また実業界においても活躍している（河出書房『日本歴史大辞典』）。

この前島と小林善四郎が、どのような機縁でつながりを持つようになったのか、詳細は不明であるが、相当の親交を結んでいたようである。両人は、ともに新潟県出身であるだけでなく、旧幕臣につながっている点も共通している。そのうえ、たまたま前島密が逓信次官在任中、小林善四郎は府立大阪商船学校長（心得）あるいは東京商船学校大阪分校長の任にあり、同校は逓信省管船局の管掌下に置かれていた。同省の次官であった前島と小林善四郎のあいだには、この間、深い人間的な信頼関係も生みだされたのであろう。

こうした事実を物語るかのように、小林家には前島密の書とみられる掛軸も所蔵されている。その一には、次のように明治三十有一年春と記されているので、この年に書かれたものであろう。他のものには年月日は記されていないが、同じ時期に書かれたものであろう。

倹美徳也過則為慳吝譲懿徳也
過則為足恭為曲謹多出機心
明治三十有一年春
小林光醒請嘱
鴻子密

湛然蟄伏息神機　静察至玄観至微

即是乗時奮起日　千雷叱咤打天飛
密

和同之気伏其機　健手誰人起闘微

旭日輝辺君注視　油然欲放百雷飛
密

最初のものは、善四郎に対する人生訓であろうか。あとの作は、将来の飛躍を期し、活力を失わぬよう、いましめたもののように思われる。隠忍自重、将来の雄飛に備えるように助言する側の前島密にも、苦い体験がなかった訳ではない。彼自身も、明治十四年の政変で政府の要職を辞している。大阪分校が廃校になったのち、かならずしも恵まれたポストにありついていない善四郎を、みずからの体験をもとにして激励していると見るのは、うがち過ぎであろうか……。小林善四郎は、間もなく愛媛県下の新天地に活躍の舞台を求めることになるのであった。

弓削海員（商船）学校長へ

その履歴書には、明治三十四年三月九日〃愛媛県越智郡弓削海員学校へ就任ニ付職務差免候事〃と記されている。たまたま同年同日付で、小林善四郎にあてた日本海員掖済会理事、松山温徳よりの手紙が残されている。

今般、愛媛県知事ヨリ貴下ヲ同県越智郡弓削海員学校々長トシテ採用相成度趣懇請有之候処、貴下ハ多年間本会ニ尽瘁セラレタルハ申迄モ無之、亦目下阪兵支部ノ状況ニ対シテモ、貴下ノ御尽力ニ待ツ件多々可有之、一旦ハ謝絶可成ト存候得共、同県知事ヨリノ要請頻リニテ、且ツ其事情ニ於テモ難黙止次第ニ有之、又貴下カ将来ニ於テ従事セラルベキ海員養成ノ事業ハ、素ト本会目的ノ一ニモ有之候ニ付、旁敢テ承諾ノ上、本日同県知事へ、来需ニ応スルノ回答致置候、依テハ別紙辞令書御回付致候間、御落掌相成度此段得貴意候

明治三十四年三月八日

日本海員掖済会

理事　松山温徳

小林善四郎殿

彼が校長に補された弓削村外一ヶ村立弓削海員学校は、明治三十四(一九〇一)年四月一日に発足した。同校は、翌年、弓削村外五ヶ村学校組合立弓削甲種商船学校に、明治四十一(一九〇八)年には愛媛県立とされた。

芸予諸島の一角を占める小島にすぎない弓削の地に商船学校が設けられたのは何故であろうか。海員学校が開設された当時、弓削村の戸数は僅かに千三十二戸にすぎなかった。このころの調査によると、こうした小村から実に七百三十五名の船員が輩出されている。ほとんど一戸につき一名に近い人員である。そのうち甲種(外航船)船長十三名、甲種一等運転士四名、同二等十名、甲種機関長三名、同一等機関士五名、その他、水夫長、火夫長、水夫、火夫などを含めると五百八十七名に及んでいる(『六十年史』、『弓削村誌』明治四十四年刊)。

芸予諸島のある中部瀬戸内海一帯は、古代以来、塩の生産で知られ、中世になると〝塩の荘園〟が群立し、塩の輸送にあたった〝梶取〟は、もっぱら海上活動に従事するようになる。これらの梶取たちと、いわゆる村上海賊=水軍には、密接な関係があったに相違あるまい。室町時代の瀬戸内海の交通の実態を示している『兵庫北関入船納帳』(林屋辰三郎編、中央公論美術出版)などにも、弓削船籍の船舶の活動は、尾道、瀬戸田、岩城、葉賀田(伯方)等とともに注目される。

江戸時代にも、本格化し始めた流通経済を担って、多くの回船業者や船乗りが活躍した。菱垣・樽回船などに乗務する者も多かった。その航跡は、瀬戸内や九州はもちろん、遠く北陸や東北、さらに北海道に到っている。

やがて〝本船乗り〟（汽船要員）の時代に転換し始めたのである。さきに紹介した大阪商船学校生徒原籍別人員表（明治十二年〜明治二十一年）でも、愛媛県出身者は全国第四位にのぼり、合計八十八名に達していたことが想起される。ただし、この時期には香川県も愛媛県に含まれていたのであるが……。

しかし、商船学校を弓削の地に設けることは容易なことではなかった。当時の弓削村長の中村清二郎氏や関係五ヶ村（岩城、生名、魚島、東・西伯方）の当事者の苦労は、なみなみならぬものであったろう。だが、弓削出身の海運界の大先輩、田坂初太郎の寄付金（約二千円）もあり、また、大阪商船学校長であった小林善四郎を校長に迎えたことも、弓削商船学校の基礎確立に大きく役立った。廃校となった東京商船学校大阪分校（府立大阪商船学校）の備品類が、相当数、弓削に移された事実は、現弓削商船高等専門学校の記念館の展示品などからもうかがわれる。図書館にも、そうした貴重な書籍が保存されている。ただ、同校の教職員や学生諸君にしても、こうした事実を知っている者は、ごく限られているのであるが……。

以上のような経緯で、はるか弓削の地に着任した善四郎は、その履歴書に次のように記している。

明治三十四年三月十三日

愛媛県越智郡弓削海員学校長ニ任ス

月俸百円給与　　愛媛県

彼に支給された〃月俸百円〃が、高きに過ぎるものであったか否かについては、その教育活動に示した方向と熱意によって判断されるべきであろう。当時の弓削村長の月給は十数円であったと伝えられる。

彼は、大正九年十二月に弓削商船学校を退職、その後、昭和五年一月十九日、七十二歳をもって、京都市に静養中、死去した。その墓は弓削町下弓削の自性寺に移されているが、いまも年老いた卒業生たちのたむける香煙が絶えることはない。

七　ビッケル船長―伝道船「福音丸」と弓削商船学校

情操教育とキリスト教

春たけなわに東風吹きて
楊柳青く花紅し
錦繍（にしき）を故郷に着る君の
船足軽く真帆揚げて
福音丸のキャプテンと
その名もたかしビッケル氏

この詩は〝ビッケル船長を送る〟と題して弓削商船高等学校『六十年史』にも記されている。明治四十四年四月、ビッケル師が一時帰国する際に、生口島の瀬戸田劇場での送別会において、同校生徒一同より贈った送別の歌であるという。当時の（同校初代）小林善四郎校長の長女、愛子さん秘蔵のビッケル師の伝記『CAPTAIN BICKEL of the Inland Sea』（C. K. HARRINGTON）では、次のような英詩になっている。

Spring at climax, wind east.
Willows green, flowers blushing.
Laud-laden, homeward.
Keel rushing, sail swelling, ……

この送別会には、弓削の学校の教師と生徒が海をずっと横切ってやってきた。特筆すべきことであると同書は記している。恐らく、カッターを漕いでの登場であろう。この詩も実は小林校長の作で、当時、全生徒にわたって歌われたもので、その詩を英訳して、アメリカの伝道協会に送り、ビッケル師を中心とした福音丸の働きに対して感謝の意を捧げようとしたものであったらしい。

今にして思えば、果敢な、そして危険でもある教育活動で、現在では、公教育の場では認められないものであるのかも知れない。

しかし小林校長や金子光衛先生などの関係教師は、むしろ純粋な人間教育の機会として考え、行動していたのかも知れない。だからこそ、仏教徒が圧倒的に多いこの地域社会でも許容されていたのであろう。

伝道船「福音丸」

瀬戸内の島々の古老たちの脳裏には、未だに二本マストの美しい帆船、福音丸が生き続けている。明治後期から大正時代の幼少年は、何か忘れ難い思いで、この船を眺めたものらしい。

福音丸は米国の洗礼教会所属の伝道船であった。英国の紳商アランの援助を受けた彼の友人ロバート・トムソン宣教師らの努力によって、明治三十二年に横浜で建造された八十二トンのヨット型帆船である。

こうして着々と伝道船の計画は進められていったが、難問が残されていた。実際に船を動かす人である。操船の心得があり、日本語を話せるキリスト教の伝道者を求めなければならなかった。

ついに最適任者として登場したのが、ドイツ系の米国人ルーク・ワシントン・ビッケルであった。父の生家は名門諸侯

福音丸

の後裔で、祖父と父は、十九世紀半ば、ドイツ地方に起こった改革運動、二月革命に参加したが、こと敗れ、鎮圧の嵐を逃れてアメリカに渡り、その頃、開拓者たちにとってさえ地の果てと思われたミシガン湖のほとりに住み着いた。

ハイデルベルクで学び独・仏両国語を話せた父のフィリップ・ビッケルは、ドイツ語新聞編集者になったが、やがて霊的体験をしたのち、敬虔なバプテスト教会員となり、さらに神学校に入り、宣教師となった。神学博士でもあった彼は、南北戦争に際しては、みずからも従軍している。その間、恋した女性、カサリン・クラークとの間に生まれたのが、ビッケル船長であった。一八六六年九月二十一日のことである。

ビッケル船長のおいたち

父はドイツ生まれであったが、母は英国系のアメリカ人の血を引いていた。八人兄弟の四番目である。ルーク・ビッケルは、父から知的な、強い性格を、そして母からは、しとやかさと美しさを受けつぎ、多くの人を友とするよう運命づけられていた。

アメリカで生まれたルーク・ビッケルは、やがて十二歳のとき、父とともにドイツに帰り、そこで成長したが、家にはいつもアメリカの国旗がかかげられていた。家庭では、みなドイツ語と英語を使い分けたが、ルークも少し大きくなると、それに加えてオランダ、フランス、スペイン語を、のちには日本語も用いることができるようになった。

彼は少年時代には、地理と音楽と聖書の勉強を一番このんだというが、一八八〇年にハンブルクの改革派の学校を卒業してから、ソエストで三年間の大学生活を送り、さらに一年間、体育学校で勉強した。

一方、家庭はキリスト教精神に満ちあふれ、宣教師であった父の影響も大きかった。やがてルークはバプテスマを受け、ハンブルク・バプテスト教会員となった。その頃、海で働く人々の伝道のために、しばしば町の水兵のホームを訪れた。

彼は早くから海に憧れていたらしい。それは祖母の影響でもあった。彼女はよくペリー提督の日本遠征の話をして、少年の夢を燃やし、ともにペリーの記念碑を訪ねたこともあった。

やがてルークは、父の反対を押し切って、船員になるべく英国船に乗船した。ただし、勉強が終わり次第、船医になるという約束であった。十八歳のときである。こうして南アメリカの西海岸からオーストラリア、アフリカへと、あるいは帆船で、また快速船で航海した。やがてアメリカ人ではあったが、英国国務省から一級水夫の資格が与えられ、二十八歳のとき船長の資格を得た。十年間に及ぶ海上生活の賜物であった。そのすべては、瀬戸内海での布教活動に役立つことになる。

一八九二年、彼はアンニー・バーゲスという婦人に出会い、翌年、新家庭をもった。また、この頃、父の縁故で、ロンドン・バプテスト出版協会に勤務し、かたわら日曜学校事業にも従事した。彼が、日本に赴いて、宣教師になるようにすすめられたのはこうした時期のことであった。

ビッケル船長と福音丸

「伝道船なしに多島海を伝道しようとすることは、斧なしに森を伐り払うようなものである」。明治三十一年五月、夫人とともに横浜に上陸したビッケル師は、事前準備のため、地勢や水路などについて研究し、内海各地を踏査して民情を調べるとともに、日本語の勉強に専念した。その間に、よき船長を得て造船の計画は進み、明治三十二年に横浜で福音丸が進水した。

しかし布教の道は決して容易ではなかった。キリスト教に対する偏見、伝道に対する迫害は随所で見られた。ビッケル船長はじめ宣教師たちは、苦難のなかに、小豆島に布教の拠点を、そして明治三十五年八月には、生口島の瀬戸田に講習所を開設した。

ビッケル師が弓削商船学校に初めて来られたのは、開校、二、三年後のことであるといわれるが、小林校長は、その敬虔な人柄に心を打たれて、生徒たちの精神修養のため、また英語の学習をかねて、毎月一回くらい、講演をおこなったり、英会話のレッスンを実施するようにしていた。また、弓削商船の生徒たちも、福音丸を訪れたり、瀬戸田の講習所へいったものらしい。

学校での講演が終わると、たがいに讃美歌を歌ったり、ときには幻燈会が開かれたりした。ビッケル船長は、ときおり夫人同伴で来校したが、そのうち夫人は、大正初期から同校の英語の授業を助けたといわれる。角帽すがたに黒いガウン、歯切れのよい発音は生徒たちを魅了したに相違あるまい。

明治三十八年四月に創刊された「福音丸新報」に

ビッケルさん一家と船員たち

は同校関係の記事がたびたび掲載されている。たとえば第三号（明治三十八年十一月発行）には次のような記事が見られる。

下弓削島商船学校長小林善四郎君、同氏は平素学生を薫陶するに学理的のみならず精神的教育の必要を感じ居り九月十七日日曜日の如きは下弓削島を夜二時頃より支度を調へ出立、生の未だ起きざる前に瀬戸田町に着し熱心神様の教を学生に聞かしめんとて講義所に来れり……

しかし福音丸も老朽化が進み、そのうえ行動範囲も玄界灘方面にまで拡大されていた。そこで新しい福音丸の建造が企てられるのであった。そして明治四十五年一月に新福音丸の建造が広島県の大崎上島の磯田ドックで開始された。新造船の艤装と製帆は、実習をかねて、すべて同校が引き受けた。製帆作業は、三年生が夏休みを返上して、仕事に励んだ。

こうして、大正二年一月二十二日、瀬戸内の女王と称えられた新福音丸は、その麗姿を海上に浮かべるのであった。

現代教育になげかけるもの

新しい福音丸もやがて、第一次大戦の勃発により、ドイツ船籍であったため、敵国船として停船を命じられた。その後、再び伝道を開始したが、ビッケル船長はひどく健康を害し、神戸の知人宅で昇天した。ときに大正六年五月十一日、五十二歳であった。

国籍こそ違え、ともに瀬戸内海の一隅で、青少年の魂を見つめることに、その生き甲斐を発見しようとした二人、ビッケル船長と小林善四郎。片やルーク・ワシントン・ビッケルは、ドイツのビッケルブルグ城主の後裔であり、また小林善四郎は、もと旗本の末裔であった。こうした奇妙な共通点も両人の友情をより深いものにしたのかも知れない。

その他、弓削商船に集まった善意の教師たちやビッケル夫人の姿を想起するとき、私はこうした先輩教師たちの後任として、弓削商船に勤務できたことを、ひそかに光栄のかぎりに思っている。

付　記

執筆に際しては、弓削商船高等学校『六十年史』(昭和三十七年刊) および『島々の伝道者 ビッケル船長の生涯』(昭和四十二年、キリスト教新生会刊) を参照した。文中の「福音丸新報」は、かつて岩城村の故 村上寛七氏が秘蔵されていたものである (御息女、村上喜恵子さん談)。

八　中堀貞五郎――「うらなり君」のモデルと今治

『坊っちゃん』の主人公は、松山に赴任すると早速、長年のあいだ世話になった下女の清さんに手紙を書いている。

今日学校へ行ってみんなにあだなをつけてやった。校長は狸、教頭は赤シャツ、英語の教師はうらなり、数学は山嵐、画学はのだいこ。……

漱石が旧制松山中学に在職したのは、明治二十八年（一八九五）四月から翌年の四月までの一か年である。それより十年後、明治三十九年（一九〇六）四月に、『坊っちゃん』が「ホトトギス」誌上に発表されている。この作品中に登場する人物のモデルをめぐって早くから論議されてきたが、漱石自身は登場人物に特定のモデルはいないと明言している。その門下生の小宮豊隆も、モデル論議の不毛性を厳しく指摘したことがある。

文学は可能性を前提にした世界を描くものである。その上、作者自身がモデルの存在を否定している限り、モデル論議には格別の意義は認められない。しかし反面、まったく素材らしきものが存在しない文学作品も考えられない。さきのような漱石の言明にしても、いま少し客観的に考察すべきであろう。結論を急げば、夏目漱石は松山中学で共に机を並べた同僚たちの学歴・担当科目・性向などを巧妙に差し替えて、『坊っちゃん』を構成していったのではなかろうか。

この同僚の中に、一人の今治出身者がいた。あるいは、この人物は漱石が『坊っちゃん』を書き上げる際に、特定のモデルとして意識していた人物であったのかも知れない。こうした推測の当否は読者の判断にお任せして、早速この教師とその一家の波乱に満ちた足跡を追ってみよう。

『坊っちゃん』の〝うらなり君〟は、赤シャツに婚約者を奪われ、遠く宮崎県の延岡中学に追われた。読者はその後の運命を案じるのであるが、実は、筆者がしばらく勤務したことがある弓削商船高等専門学校の前身、弓削商船学校の初期の卒業生の間には、次のような熱っぽい伝承が残っている。航海科十期生（大正五年卒）、神野琢磨の「恩師の横顔」（弓削商船高等学校『六十年史』所載）を見てみよう。

次は中堀先生の番だ。先生は今治藩出身の聖人型の人で、ごく小柄なので夏目漱石先生の『坊っちゃん』の中の〝うらなり〟のモデルその人である由。私等が二年生の時に京都の疏水の辺で文具店を始められた。後に『坊っちゃん』のモデル奇人某が同志社の数学教授に桐生中学から赴任して旧交を温め……

ここに登場してきた中堀貞五郎先生は、明治三十八年（一九〇五）に、旧制松山中学から弓削に転任している。ただし、〃うらなり君〃は英語の教師であったが、中堀先生は愛媛師範を卒業後、東京の物理学校に学んだ方で、理科や地理等の担当であった。そういえば、『坊っちゃん』の主人公も確か物理学校の卒業生であったはずだ。また弓削商船には、中堀先生の松中時代の教え子が、中堀先生より一足先に着任していたらしい。先の手記には、さらに次のような記述が続く。

中堀先生の教え子の三浦先生は南予の郡長の子だとか、英語の先生であった。私等の下級生が小説『坊っちゃん』時代の回顧談を先生にせがんだ処、その話の中に修学旅行中、広島の宿での出来事だ。寝室見回りの中堀先生が盗人だと布団むしにせられた。処が先生は（布団の中から）中堀じゃ、中堀じゃと言われた……

確認はしていないが、三浦先生は恐らく、松中時代には漱石に英語を教わっているのであろう。

中堀先生が弓削商船学校に転任した当時、この学校はまだ弓削村外五ヶ村立時代であった。愛媛県立に移管されたのは明治四十一年（一九〇八）のことであるが、その履歴書には以下のように記されている。

原籍　愛媛県越智郡今治町大字今治村二百六十三番地

当時　松山市大字湊町二丁目六十三番戸

寄留士族

安政四年五月六日生

中堀先生は安政四年（一八五七）の生まれなので、弓削に着任されたころには、もう四十歳を越えている。実は中堀先生には、少し悲しい結婚をめぐる秘話があった。弓削に赴任する以前、二度の家庭悲劇を味わっていたのである。最初は離婚、二度目は死別であった。

物理学校に学んだ後、先生が松山中学の前身である伊予尋常中学校教諭となったの

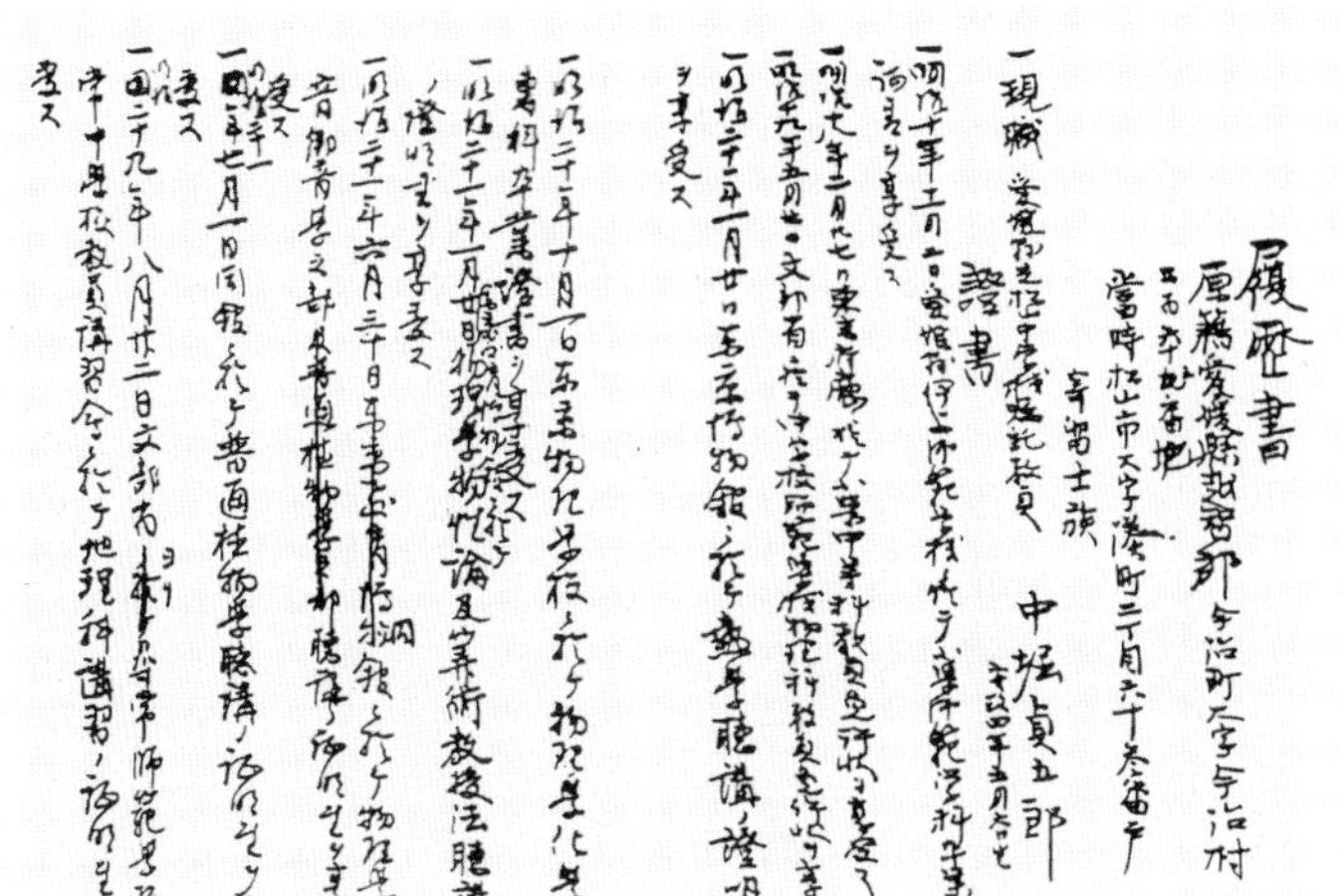
履歴書
原籍愛媛県越智郡今治町大字今治村
二百六十三番地
當時松山市大字湊町二丁目六十三番戸
寄留士族
中堀貞五郎
安政四年五月六日生

履歴書

は、明治二十一年（一八八八）九月のことであった。しばらくして最初の結婚をした。その女性はほかでもない、正岡子規の妹の律さんであった。しかし、この結婚は間もなく解消される。子規全集（講談社）の年譜によると、明治二十二年（一八八九）六月に結婚、翌年の四月には離婚とある。その後、明治二十三年（一八九〇）に再婚した女性は、旧松山藩士太田厚（松山中学教頭）の長女 律（別名 藤）であった。しかし貞淑で知られたこの妻は、明治三十一年（一八九八）に病死してしまった。その後、河部門枝という愛媛師範卒の女性教師と結婚した。

河部先生が、松山市の外側小学校に勤務していたころ、のち文部大臣になった安倍能成がこの学校で学んでいたらしい。能成は、その自伝『我が生ひ立ち』の中で次のように河部先生のことを回想している。

角田輝国という友達は親がなかったとみえて、城山の腰にある県立病院の下り口の河部という薬屋に二つくらい年上の兄と一緒に寄寓していた。この河部という家の娘になる人が、師範学校を出て私達の小学校の先生になっていた。この先生はからだの大柄な血色のよい落ち着いてしとやかな先生だったが、後に私が（松山）中学で地理を教わった小男の中堀先生の後妻になられた。

その能成の筆になる掛け軸が数点、ご子息の中堀誠二氏宅に残されているという。相次いで結婚した二人の女性が共に同じ名前（律さん）であったのは、不思議な因縁というほかはない。最初の律さんは、離婚して正岡家に帰ったが、やがて子規の病臥中その看護に当たる。子規が『仰臥漫録』に〝看護婦デアルト同時ニオ三ドン〟と記した出戻り娘は、この律である。子規の友人であった漱石は、恐らく同僚となった中堀先生と律さんとの関係は知悉《ちしつ》していたであろう。しかし、漱石が松中に着任してきた時期には、中堀先生は次の（太田）律さんと結婚していた。その点では、婚約者を奪われた〝うらなり君〟の運命とは異なっている。

中堀先生が弓削島に、夫人の門枝さんとその間に生まれた誠二さんを伴って現れたのは明治三十八年（一九〇五）であったが、その後、二人の男子に恵まれた。大正三年（一九一四）の年末に、弓削商船を退職した先生の一家は、ただ子供の教育の万全を願って、京都に移り住んだ。末っ子の孝志さん（のち旧制三高・京大卒、島津製作所重役）は、その自伝『レメモワール』（昭和六十二年、太平堂刊）に、次のように記している。

大正三年十二月に、父は弓削商船学校の教諭を辞し、一家をあげて京都に移った。その時、父は五十七歳、母は四十四歳、誠二兄（のち旧制三高・京大卒、鹿児島大学名誉教授）は十二歳、忠三兄（のち海軍機関学校卒、海軍中佐）は七歳、私は三歳であった。今更就職のあてもなく幼い三人の子供をつれて、はるばる京都へ引っ越したのである。……その頃の両親の心情を察する時、いつも私の目頭は熱くなる。

（括弧内は筆者付記）

三人の幼い子供たちを引き連れて、その郷里 今治ではなく、はるばると京都に向かった中堀夫妻の心中には、かつての同僚、帝大出の漱石が書き上げた『坊っちゃん』への屈折した思いが隠されていなかったであろうか。私には、中堀夫妻の悲壮な行動の背景には、何か深い怨念が込められているように思われてならない。

　最初、京都の蹴上の疏水の近くに借居した一家は、やがて吉

（貞五郎）（誠二）（門枝）（忠三）
（太田厚氏夫人）（孝志）
大正２年頃、弓削にて

田に文房具店を構えて、子息の教育に専心した。それから七十数年を経た平成五年（一九九三）五月のことである。鹿児島に余生を送ってみえる中堀誠二先生から、筆者あての長い私信が届いた。昭和十九年（一九四四）に七十四歳で亡くなった母と、昭和二十二年（一九四七）に九十歳で亡くなった父の五十回忌をあわせて、今治にてとり行いました。私もすでに父の年齢を越えました。その際に同封の資料のコピーを参会者にお配りしました……との文面であった。

ここに紹介したのはその一部であるが、今治の秘められた近代史の一面が顔をのぞかせているのではなかろうか。

昭和五十六（一九八一）年十一月に弓削商船学校（現高専）の創立八十周年の記念式典が開催された。その際に、旧教職員の遺族と在校生の父兄の懇親会も執り行われた。中堀貞五郎のご子息（誠二、忠三、孝志）三人も揃って夫人同伴で列席された。式典後の懇親会では、三兄弟から『坊っちゃん』がらみの回想も聞くことができた。中堀貞五郎の弓削商船学校在任中の回想が進むと場内は沸き上がった。その司会に当たっていたのは現職で勤務中の筆者であった。

それ以来、中堀家の三兄弟が壮健であった時代はもちろん、逝去後も遺族との交流を深めた。その間、中堀貞五郎の足跡については、愛媛新聞の「四季録」（平成五年四月一日）に寄稿した。この拙稿を目にした朝日新聞編集委員（当時）溝上瑛氏は、早速、朝日新聞に連載中の「溝やんの話の横丁」（平成五年四月十六日）に『判明？！「うらなり君」のそれから』を執筆し、拙稿に関心を寄せた。

こうして『坊っちゃん』の「うらなり君」がらみの関係史料の追跡が、松山や今治や弓削でも進められ、いくつかの貴重な関係史料も発見された。弓削商船学校時代の古い学校図書館の倉庫に保存されていた板ガラスの写真ネガの束を焼きつけてみると、すべて中堀貞五郎の遺作ではないかと思われる。上京して物理学校で学ばれた時代から生涯、写真に関心が深かったことは、ご子息たちの談話からも確認できた。

こうして蒐集された関係史料の展示会は、まず松山方面で開催された。地元の愛媛新聞（平成二十五年三月一日号）の文化欄一面には次のような縦横の見出しと解説が掲載された。

中堀貞五郎（今治生まれ）に光

漱石や教え子と親交

写真家・父としての顔も

『坊っちゃん』うらなりのモデル？　教育者

松山中学や弓削商船学校（現・弓削商船高等専門学校）の教壇に立ち、夏目漱石の小説『坊っちゃん』に登場する「うらなり」のモデルともいわれる中堀貞五郎（一八五七〜一九四七年）を紹介する展示会が松山市上野町の県総合運動公園管理事務所ロビーで開かれている。二十四日まで……

こうして同年の三月一日から二十四日まで松山で開催された展示会を主催されたのは、愛媛県総合運動公園の当時の園長であった戸嶋健二氏だった。間もなく松山に続いて、弓削商船高専の所在地越智郡上島町弓削のせとうち交流館でも同じ展示会がほぼ二週間にわたり開催された。山陽日日新聞（平成二十五年五月十一日号）は、「弓削で『中堀貞五郎展』、妻が正岡子規の妹であった逸話も」と報じている。

後日、弓削商船高専の平成二十六年度入学者の中に、中堀貞五郎の玄孫（神戸在住だった）の名があった。

九　浜根岸太郎―初代・二代の生涯

早くから海陸交通の要衝として発展してきた本土の尾道には、芸予諸島の島々からも多くの若者たちが奉公人や従業員として勤めてきました。中には、奮闘努力のすえ、経営者として活躍した人物もあります。『新修尾道市史』第六巻（昭和五十二年刊）の人物編には、まず「（先代）浜根岸太郎」と題して、次のようにその生涯が紹介されています。ただし、彼が尾道で活躍したのは、その後半生で、青壮年期には北海道で奮闘しています。

文久三年九月三日、愛媛県弓削町（現上島町弓削）に生る。若くして、北海道に渡って汽船の運航に着目、大正初年、神戸に浜根汽船を設立。第一次大戦に際し自分の持ち船を修繕する造船所を造りたいとの念願が、造船所設立のいきさつである。大正七年、尾道市の対岸向島に地を選び、当時の水野造船所を買収、向島船渠株式会社を設立、矢継早に拡張、中国筋屈指の工場としたが、新設一年にして大正十三年五月二十九日に歿。郷里の弓削町自性寺に葬る。

初代の浜根岸太郎とその後を受けた二代　浜根岸太郎について、先代の郷里（現　愛媛県越智郡上島町弓削）の『弓削町誌』（昭和六十一年刊）には、その生涯がさらにこまやかに紹介されています。

浜根忠吉の長男として、文久元年（『新修尾道市史』には文久三年）、下弓削の浜都に生まれた。何ひとつ産業のない島、男は船員になるか、出稼ぎに行くか、こんな所に活路を見出さねばならなかった。このような環境の中で、青雲の志を抱き、帆船に乗り組んで新天地北海道に渡ったのが明治十八（一八八五）年二十四歳のときである。北海道は函館市（当時は函館区といった）、そこで彼は井上二平商店函館支店（本店は大阪にあった）に店員として勤務することになった。雑穀及び塩をあつかう店であったが、ここで彼は商売を覚え、他日雄飛の土台を築いた。

明治三十二年二月、勤務先を辞し、函館市中浜町に小規模ながら自分の店を持ち得た。ようやく独立の夢を果たしたのである。店では今までの経験を生かして、雑穀と塩をあつかった。……次に彼が計画した仕事は友人三人と組んでの遠洋漁業に乗り出すことであった。明治三十六年（一九〇三）五月、せいしょう丸（二本マストの帆船）を購入し、船長以下船員、漁師を雇い入れ、カムチャツカ沖で夏から秋にかけて、鮭や鱒の漁労に従事させた。だが、自ら船長として乗り組むのではないので、事業の経営には非常に苦心した。このようにして、汽船のメリットを身をもって体験した彼は、これを動機として、北海道の一商人から一躍して海運界におどり出ることになる。大正の初年彼は神戸に進出……逐次事業を拡大していった。

『弓削町誌』には、続いて次のように記されています。

さて、何隻かの船をもち運航させてみて、はじめて知ったことは、汽船の修理費も侮ることのできない出費となることであった。そこで彼の考えたことは、自分の船の修理は自分でするに限るということであった。そこで大正七年に尾道の水野船渠を買収して資本金一〇〇万円で向島船渠を設立し、翌八年二月に営業開始。このようにして、社運益々隆盛に、その才腕は高く評価されたが、大正十三年死期迫るや、嗣子に遺言して、弓削村に対し育英基金二万五千円及び海底電信架設費五千円を寄付させ、教育の振興ならびに郷土の開発に尽した。村民は、この芳志を永遠に伝えるため、小学校の校庭に頌徳の大石碑を建立した。

この「浜根岸太郎翁頌徳碑」の表面には漢文で、「……寒陬《かんすう》（片いなか）に身を起こし、夙《つと》に（早くから）北海の風濤と闘い、勇往敢えて進み……世界に雄飛し、国家に貢献……もって本村の育英交通の経営に資し……」（原漢文）、裏面には「大正十五年五月、弓削村建之」

と刻まれています。

初代の岸太郎は、函館時代にはもう立派な実業家であったらしく、『函館市史（通説編）』には、「明治四十五年、濱根岸太郎の（株式会社）函館造船所（資本金一万五千円）」とあります。また、北海道庁立函館商業学校には、「函商浜根プール」や「浜根記念館」も寄贈されています。昭和十五年のことらしいので、二代の浜根の寄進なのでしょうか。

初代浜根岸太郎の碑

二代　浜根岸太郎について、『弓削町誌』には次のように紹介されています。

明治二十七年六月三日北海道函館に生まれ、旧姓を山田といい、浜根家の養子として入った。よく初代の業績を継ぎ社長として精励しただけでなく、初代の郷里である弓削村のために、格別の尽力を惜しまなかった。

やがて先代が北海道に続いて進出した神戸方面でも活躍し、神戸市立児童ホーム理事長や松蔭女学校理事長等にも就任しています。

『新修尾道市史』には、二代　浜根岸太郎について次のように紹介されています。

先代の後をついで浜根汽船、尾道造船社長、八千代汽船社長を兼任、昭和十八年企業整備により当時の大阪鉄工所（後・日立造船向島工場となる）に合併、尾道造船株式会社を創立、取締役社長となり鋭意事業の発展に努力し、紺綬褒章十回をうけた。事業の外にひろい趣味をもち、文化社長として地方でも重きをなしていた。昭和四十五年七月二十七日歿、郷里、愛媛県弓削町自性寺に葬る。

弓削商船高校（現　国立弓削商船高等専門学校）の『六十年史』の略年表の昭和六年七月二十四日の部には、「神戸松蔭女学校生徒来校、十日間の水泳訓練を開始した」と記載されています。この年度だけではなく、しばらく続けられた模様です。はるか神戸市の名門女学校が別船を動員してまで弓削島の濱都海岸で長期間の水泳合宿訓練を実施したのは、当時、松蔭女学校の理事長であった二代　浜根岸太郎の斡旋であったと推測されています。

たしかに彼は初代の業績を見事に受け継ぎ、向島船渠も尾道造船所に発展しています。また『弓削町誌』によると、先代に引き続いて、次のように郷土に貢献しています。

大正十五年十一月　小学校へ(天皇陛下の)御真影の奉安殿(当時の金額で一〇〇〇円)
昭和四年二月　小学校へピアノ一台（三〇〇〇円）
昭和五年　弓削商船学校の機関学科新設の資金一万円を寄付
（同校『六十年史』にも記載あり）
昭和十年八月　弓削村名誉村長、同十四年に辞任
九月　小学校へ映写用暗幕装置寄附
昭和十一年四月　公会堂修繕、備品補充
昭和十五年十二月　小学校へ映写機

浜根家の菩提寺の自性寺（臨済宗東福寺派）にも、「大正十二年、本堂の建て替えに当って総費用の半額」を寄進するなど手厚い配慮が残されています（恵慈現住職談）。そして自性寺の境内には、立派な墓碑が建てられています。浜根家と自性寺には、深いつながりがあったからなのでしょう。

初代の浜根岸太郎について『尾道造船株式会社50年史』（平成五年、同社刊）の第一章「濱

根岸太郎翁一代記」には次のように記されています。

家が貧しく、そのため岸太郎は石灰の石山で骨身を惜しまず働いて、家計を助けてきた。しかも疲れた体をいとわずに、下弓削の古刹《こさつ》（古い寺）として名高い自性寺の第七世堪堂大和尚に師事し……

自性寺の現住職・恵慈和尚は「岸太郎少年は、幼い頃に一眼を失明していました。それを乗り越えて力強く生き抜いていったのです」と語っておられました。

岸太郎が少年であった頃、自性寺は当時の下弓削村と共に石灰山の共有地主で、少年時代の岸太郎は、昼間はその鉱山で働き、夜間に自性寺で学んでいたとのことです。このようにして、

浜根家の墓

その郷里で育てられた実力が、やがて見事に北海道や神戸方面、さらに尾道で開花、結実していったのです。

『弓削町誌』の人物編には「初代岸太郎は、大正十三年五月二十九日六十四歳で歿し……法名を大徳院誠願義薫居士……二世岸太郎は、昭和四十五年七月二十七日七十七歳で歿し、法名を浩徳院喜翁慈善居士……」と記載されています。

十　濱田国太郎——海員組合草創時代

おいたち

戦前・戦中派は別として、現在、海上要員として勤務している人びとのあいだでも、もう濱田国太郎の名を知る者は、あまり多くはないであろう。しかし彼は、国内はもちろん、国際的にみても、海上労働運動史に消し去ることのできない足跡を残している。

濱田は明治六年（一八七三）十月二十五日（一説に十月二十三日、『えひめ解放戦士の面影を追って』小林実著、一九八四）、愛媛県越智郡生名村第百四番戸、平民 濱田善太郎を父に、ハツを母として生まれた。長男である。その後、実母のハツは故あって離婚し、間もなく同村の濱田馬之助と結婚した。当時の農村では格別めずらしい現象ではなかったが……。

父の善太郎も、同村平民 濱田治の二女サワ（嘉永六年三月三日生）と再婚した。戸籍の上では、明治九年三月二十日の入籍となっている。二人のあいだには、武太郎（明治九年十二月生）、イワ（明治十四年三月生）、カネ（明治十五年四月生）の三子があった。国太郎にとっては異母弟、異母妹である。しかし、継母サワは、夫の善四郎が明治十七年十一月二十四日に死去した（墓碑による）関係からであろうか、明治二十四年六月三日付で同家を離縁、同村のおい濱田長之助方へ復籍した。その際、さきの三子も連れ越されている。しかし、以上は除籍簿にみられる記載であり、建てられた年代は不詳であるが、濱田善太郎の墓碑には、妻サワと併記されている。

戒名は大真了功居士、大円妙大姉である。なお除籍簿によると、国太郎は明治十七年四月八日相続となっている。父の健康状況の関係からであろうか。また明治三十四年一月二十七日、神奈川県横浜市野毛町一丁目三十三番地へ転籍がなされている。

あまり恵まれた幼少時代であったとは考えられないが、さいわい実母のハツの再婚さきとは往来もあり、特に異母弟の七太郎とは、特別に親しい交際が続いたといわれる（七太郎子息 濱田国正氏談）。

ところで、国太郎が生まれた生名村（上島町）は、瀬戸内海のほぼ中ほど、芸予諸島の一角を占める小村で、面積は僅かに三・三七平方キロ、彼の誕生当時の人口は数百人にすぎなかった。

しかし、その歴史は古く、島の北端、立石山には、弥生時代の高地性遺跡の存在がみとめられ、また、その山頂付近から後期旧石器時代のものとされるナイフ型石器も出土している。

文献上にその名が現れるのは、保元三年（一一五八）の石清水文書からであり、石清水八幡宮領の伊予国分として〝石城島・生名島・味酒郷〟と記されている。おそらく、東寺領の塩荘園として知られる隣島の弓削島（上島町弓削）同様に、塩の獲得を主目標として立荘されたものであろう。島内の沿岸部各地から、揚げ浜式塩田の遺構と考えられるものが発見されていることから、そのような推察も可能であろう。

その後、天正十一年（一五八三）、俊成左京進は、村上武吉から生那（生名）島五百文を知行地として宛てられている。戦国時代末期には、世に村上海賊（三島村上）として知られるグループのなかでも、能島系の支配下にあったらしい。封建支配の確立が進むころ、この島には、七軒株とよばれる一群の人びとが帰農したと伝えられる。村上・池本・岡本・久保・大本・山本姓を名のったものは、かつての海賊衆の配下であったというのである。濱田姓は村上の一支流とされている。

江戸時代には、もともと限られていた耕作地だけでは島民の生活も困難で、幕末に近づくと、〝他国船稼〟は松山藩領とされた越智島諸村のうちでも岩城村（上島町）についで多かった。人口数に較べると、比率は生名村が最も高いものとなっている。干拓による入浜式塩田の造成も急速に進んでいたが、農業と塩田だけでは、急増する人口を支えきれなかった。いや逆に、〝他国船稼〟のうるおいによって人口増をみたと考えられないでもない。

このような内海の一小村で、それも家庭的には、あまり恵まれない幼少期を送った国太郎が、他の先輩たちのあとを追って故郷を離れたのは、むしろ自然なコースであったのかも知れない。『海上労働運動夜話』（村上行示著、成山堂書店、一九六六）には、彼に関して次のような記述がみられる。

明治十八年、十二才のとき帆船為朝丸の給仕となり、明治二十一年、汽船小杉丸に石炭夫兼火夫として乗り組み、船員という職業に定着した。以後、浜田は英国汽船ブルガン号、ノルウエー汽船クリム号などの汽缶番を経て、明治二十六年、日本郵船会社に入り、門司丸、若狭丸、佐渡丸、宮崎丸に火夫長として転乗した。

こうして、生名島から巣だっていった国太郎少年が、どの程度の教育を受けていたものかについては、当時の学令簿が残されていないため詳細は不明である。ただし昭和初年、日本海員組合副組合長として、濱田と行動を共にし、やがて彼のあとを受けて組合長となった堀内長栄は、次のように語っている。

文字は全く読めなかった。小学校は二年くらいまでは行ったというが、彼が自分の名前を書くのを見た者は誰もいない。署名の必要なときでも、誰かに代筆させた。……しかし、浜田は一向にこれを恥じる気はなく、部下に対して「お前らは手帳に書くからいかんのだ、俺は頭のノート・ボックスに書く」といって記憶力のよいのを威張っていた。（浜田は、ノートブックをボックスと発音した）（同前）

ともかく、彼が船乗りとして、その人生航路の第一歩を進めたのが明治十八年（一八八五）、十二歳のときであったことは、ほぼ確実らしい。ただ、最初に帆船為朝丸の〃給仕〃として乗船したとある点には疑問が無い訳でもない。帆船に給仕というのは、どうも変である。あるいは、炊（見習い船員）を〃給仕〃と表現したものかも知れない。しかし、昭和七、八年ころ、濱田が日本海員組合の組合長として、その令名を知られていた時代に製作された彼の一代記を描いた短編映画（題名不詳）では、給仕姿の少年が登場していたという。生名村の小学校の校庭で上映されたときの村民の記憶は、すべて一致している。

では、濱田少年はどのような事情から故郷を後にしたのであろうか。複雑な家庭事情があったことは、除籍簿の記述からも推察できる。不幸にも実父 善太郎さえ明治十七年十一月二十四日に死亡している。それだけの理由からでは無かったであろう。彼が郷里を後にしたのは明治十八年であるが、その前年、明治十七年（一八八四）八月二十五日の夜半、豊後水道を抜けて日本列島を縦断した台風は、彼の郷里、生名島を壊滅状態にしていた。〝暴風益々激シク随テ海潮膨張シ、満潮最モ高キヨリ三尺五寸位高シ〟と当時の村長、村上俊三は郡長に報告している。（生名村役場蔵、明治十七年甲申諸進達扣）

死者は二名にとどまったが、総戸数二百六十九戸（千五百四十七名）のうち、流失家屋一、転倒六、半倒三十二戸におよび、耕作地の田や畠および塩田は、そのほとんどが堤防の決潰のため流出、あるいは潮入地となった。それでなくとも、この時期の農村経済は、いわゆる松方財政の名で知られているように、窮迫のどん底に置かれていた。その詳細は明らかにできないが、濱田少年の実家も、この台風の追いうちによって、再起不能の状況に陥っていたのではなかろうか。

愛媛県議会も、明治十八年四月の臨時県議会において明治十七年度備荒儲蓄施行規則追加並収出予算更正について審議し、激論のすえ、これを可決した。一部議員はさらに国庫による備荒儲蓄金の特別要請の建議をおこなったが、これは否決されている。

この台風による被害は、愛媛県下（当時は香川県を含む）でも、特に越智・野間・風早・温泉・新居郡等、豊後水道に近接する地域に集中していた。村上桂策県議（新居郡選出）は、次のような窮状を紹介している（『愛媛県議会史』）。

昨夜風早郡某村ノ用係ト同宿シタルカ同郡睦月浦トカニハ段々餓死者アリト云ヘリ、故ニ目下如何ナルモノヲ食物トスルカト尋ネタルニ当時ノ青麦ヲ抜キテ湯ニ透シ尚又藁ヲ一寸程ニ刻ミ石臼ニ挽キテ粉末トシ之レニ小麦糠ヲ混シテ団子或ハ餅ノ類ヲ作リ食ス……甚キニ至テハ同郡ノ或浦ニ五口ノモノアリ食物ニ尽キタルノ余リ隣地ノ芋トカ蘿蔔トカヲ窃取セシカ忽チ地主ニ見咎メラレ実ハ斯々ノ次第ユヘ止ムヲ得ス窃盗シタル由ヲ自白セルニ由リ免シタルニ其后一家五口トモ均ク縊死ヲ遂ケタルモノアリト云ヘリ

こうして国太郎少年の故郷はもちろん、その家庭も、彼一人の生活すら支える力を失おうとしていたのであろう。もはや故郷を離れる以外に残された道はなかった。

そのころ、我が国の海運界は重大な転換期を迎えていた。いまや、主要航路を走る船は、ほとんど汽船に移り変わり、これまでの廻船の乗り組み水主は、本船乗り(汽船の乗り組み)に変身し始めていた。彼自身もこうした時勢のもとで、石岩夫兼火夫として汽船に乗り組むこととなり、英国船、ノルウェー船等の外国船にも転乗したのち、日本郵船に移ったのである。

当時、日本の海運業は、明治政府の保護育成政策のもとに急速に成長しつつあった。旧士

佐藩士 岩崎弥太郎の三菱汽船会社も、こうした背景のもとで、土佐開成商社、次いで九十九商会、三川商会へ、さらに三菱商会へと進んだものがその母体となっている。大阪から東京に本社を移していた三菱汽船会社は明治十五年（一八八二）、激しい競争を展開したすえ、共同運輸と合体して、日本郵船が誕生した。また明治十七年（一八八四）には、住友財閥が大阪商船を創立した。いわゆる〃社船〃の出現である。

これら社船は、補助金等においても優遇され、以後出現した、山下、川崎、辰馬等の汽船会社は〃社外船〃と称され、その船員も〃社外船のり〃と呼ばれるようになった。

その後、日本の海運業は、日清、日露、第一次大戦と、戦時経済にともなって急速に拡張されていった。明治初年に、わずか約二万トンといわれた船舶が、日清戦争後三十五万トン、日露戦争後百万トンに、さらに第一次大戦後三百万トンに達したことが、それを物語っている（西巻敏雄『日本海上労働運動史』日本海洋協会、一九四九）。こうして船員も急増していった。江戸時代の史料には〃他国船稼〃と記録されているが、廻船要員の重要な供給地の一つであった芸予諸島一帯からも、多くの船員が生みだされ、その一群のなかに濱田国太郎がいたのである。

初期の日本海員の実態

帆船から汽船へ、それも日本船籍のみでなく、外国船にも乗り組んできた国太郎が、その間、どのような体験をし、何を感じとっていたのかは、いまでは明らかにする資料はほとんど残されていない。しかし、田坂初太郎の項で引用した『弓削村誌』（明治四十四年）の次の記述は、いま一度振り返ってみる必要がある。

出稼の与ふる影響

出稼海員の過半数は、其の得る所の賃金全部を費消し、家族に仕送るものは僅少にして、本村の富に程度に殆ど何等の関係なきのみならず、却て其のため軽佻浮薄の思想弊風を流入する傾向あるが如し、されど海外旅行者は比較的勤倹力行の実を挙げ、千の富を致せるもの多きが故に之れを希望するもの漸次増加す。

この村誌の筆者は、あるいは船員に対して、世上、一般にみられるような偏見をもっていたのかも知れない。しかし〝其の得る所の賃金全部を費消し、家族に仕送るものは僅少にして……〟とされた背景については、詳細に検討してみる必要があろう。

明治以後の急速な海運業の発展、成長にともなって、近代的船員―汽船乗り組み要員への需要も急増していった。しかし、海技資格を有する日本人船員は、きわめて限られていた関係もあり、外国人船員が、船長、機関長等いわゆる高級船員のほとんどを占める状況がみられた。こうして、明治八年（一八七五）には、政府の助成のもとに三菱商船学校（のち東京商船学校）が創設されたが、入学者の大半は旧士族の子弟で占められており、その他も中産階級の出身者に限られていた。さらに、明治二十年から三十年代にかけて、各地に府県立のいわゆる地方商船学校（前身は町村立の海員学校）が設立されていった。これらの学卒者以外に、実地あがりで海技資格を取得した者もあったが、こうした人びとが順次、外国人船員と交替していった。しかし、以上は、いわゆる高級船員（士官）であり、普通船員は、まったく異なった状況下に置かれていた。たとえば、『海上労働運動』（角岡田賀雄編、海上労働運動史資料編集委員会、一九八二）は次のように指摘している。

普通船員は、帆船の乗組員か、漁民の出身で、当時土方、馬方、船方といわれ、最も最下層階級の職業とされていたのであった。「抜荷、賭博、喧嘩は日常茶飯事であった」と当時の記録はのべている。

普通船員の教育機関は全然なく、わずか海員掖済会で短期間養成したが、それは日本郵船、大阪商船等のいわゆる社船の需要の一部を充たすだけであり、社外船員はすべて営利的な船員口入業者（ボーレン）を通じて補給され技術教育などは全然行なわれなかった。

このように、高級船員と普通船員のあいだには、文字通り雲泥の差があった。明治二十八年（一八九五）、水火夫の一ヶ月の給料最高八円五十銭に対し、船長の給料は百八十円であったといわれる。食事の面でも差別され、料理人まで違っていた。また、高級船員の船室は船の中央部にある個室で、普通船員は最もローリングの激しい船首の大部屋に雑居していた。

もともと、こうした極端な差別は、英国の伝統的な船員対策であったことが知られている。普通船員の多くは、中国、インド、マレー等の被圧迫民族の出身者が多数を占めていた。民族的差別が、その背景にあったことがうかがわれる。日本の海運界にも、こうした方式が引き継がれたものであろうか……。

旧幕府時代の廻船の場合も、船頭（船主船頭および沖船頭）のもとに、楫取（表師）、親仁《おやじ》（船内取締、監督）、賄《まかない》（船内の会計）の船方三役が置かれ、その配下として若い衆とよばれていた水主が実務にあたっていた。炊《かしき》は見習水主である。

沖船頭・水主・炊は船持（船主）に雇用され、これを水主奉公とよんでいたが、船内の職階制は、それほど隔絶されたものではなく、努力しだいで沖船頭に登用される可能性もあった。

それに加えて、廻船関係者のあいだには、余得として〃帆待荷物〃といわれた個人による運送や〃抜荷〃の悪習さえあった。汽船との競争にやぶれ、帆船の水主から汽船の乗り組みに転じていった人びとにとって、あたらしい職場は、かならずしも明るいものには映らなかったであろう。そこに、幕末以来、民衆のあいだに拡がりつつあった賭博が、船舶という特殊な世界を汚染することも避けられなかった。むしろ経営方針として、船員の定着をはかるために、なかば公認される傾向さえみられたという。また、こうした背景のもとに、船員専門の口入業者も生まれてきた。こうした点について、『日本海上労働運動史』（西巻敏雄著、日本海洋協会、一九四九）は、次のように指摘している。

船員の募集は、後年になっても、相当の困難をともなったのであるが、洋型船舶が漸次日本海運の根幹として導入されるにつれて、従来帆船になかった機関部という新らしい職種に多くの船員を必要とすることともなり……いわゆる口入業者の頻繁な利用が当然起るのであったが、こうなると、船員専門の口入業者が生れてきて、船舶の常として、相当期間、陸上に船員を待機宿泊させる必要から、口入業者は、職業紹介と同時に、宿泊所を兼営するという、いわゆるボーレン（ボーディング・ハウス）の発生をうながした。

わが国にボーレンが出現した事情は明らかではないが、先進西欧諸国においては船員の雇い入れが困難で、ボーレンがその役割をはたしていることを外国人船員が紹介したことが契機となったのではないかと考えられている。これらの諸国では、酒場で泥酔者を誘拐したり、暴力で市民を船に送りこむ、専門的な船員誘拐業者の記録さえ残っているという。

乗船の機会を待つ人びとにとって、就職後に返済するという約束で、宿泊費はもとより、食費や小遣いまで貸与されるというのは、まことに便利であったが、こうした借財は乗船後の船員を拘束する足かせともなった。ボーレンは、こうして乗船する人びとに対して、直接、雇い入れの実権を握っていた水火夫長（職長）とのあいだに、特殊なつながりをもち、ボーレンへの借金は、必然的に水火夫長に引き継がれていったからである。

乗船後も、船内の賭博や上陸時の遊興費を前借りすることが奨励さえされる有様で、職長から借金しない者は迫害される傾向さえあったという。その利息は一ヶ月に二割という高利が一般的であった。乗船中、普通船員の給与は職長を通じて支給されるため、手取りは皆無となる者まで現れることも避けられなかった。

こうした状況に対して、政府当局は、船内規律維持のため、明治十二年（一八八九）、西洋形商船海員雇入雇止規則を制定したが、船内賭博の一掃までには至らなかった。また一方、翌明治十三年八月には、日本海員掖済会が創設された。その創立由来書は「慈悲の温情をもって船員を制撫し、旧来の弊習を洗滌してその品行を善良ならしめ、その技術に習熟せしめ、彼等を訓育保護して、以て永遠の幸福を享受せしむる」ことをうたっている。このように社会政策として一定の役割をはたした掖済会も、ボーレンを根絶するまでには至らず、ボーレンは、続出した群小船主にまで、その活動範囲を拡大していった。

日本海員の成長と職員団体

明治初年には、大型船乗組の船長その他の主要職員は、その大部分を外国人船員によって占められていた。しかし、次第に日本人高級船員の数も増加し、彼等は明治二十四年（一八九一）、海事協会を組織し、海事に関する知識の啓発や海事思想の普及をめざし、海事雑誌等も発行した。

一方、社外船の船主団体も、日本郵船などの定期航路経営者に対抗するため、日本海運業同盟会を明治二十五年（一八九二）に発足させた（『日本船主協会沿革史』より）。明治二十八年、その第四回総会で、船員の食料定額と給料の最高限度額が決定されると、それに対抗するため翌年、高級船員を主体にして海員倶楽部の創立をみた。その中心となったのは、賀屋洋介、横山愛吉、田坂為松等であった（田坂為松は濱田国太郎と同県人で、国太郎の郷里、生名島の隣島、越智郡弓削島出身で、田坂初太郎の弟である）。その後、この海員倶楽部は明治四十年（一九〇七）に社団法人海員協会に改組されている（『全日本海員組合十五年史』より）。それとともに、海員倶楽部は結成当初の労働組合的性格を失っていった。船員運動は、普通船員（部員）の組織化を待たざるを得ない状況下に置かれたのである。

普通船員（部員）の組織化も、最初は共済団体から始まっている。そのきっかけは日清戦争であったといわれる。『日本海上労働運動史』（西巻敏雄、海文堂出版、一九六九）は、以下のように述べている。

御用船に乗組んだ多くの船員は、危険海面の航行に従事したが、その待遇はその危険に対応するものではなく、また傷病者に対する政府や船主の措置も、きわめて冷淡かつ手薄いものであったからである。これがため、部員の中になんらかの自己防衛策を講じようとする動きがあらわれたのは自然で、職員がまず海員倶楽部を結成したことは、これを刺激するものであった。けれどもその後、船員法や治安警察法の制定があって海員倶楽部が、結成当初の労働組合的色彩を払拭したこともまた、この動きに大きな影響を及ぼし、部員の自己防衛策は相互共済組合の方向を選んだ。明治三〇〜四

○年代多くの共済団体が生れたのはこれがためである。（中略）また、これにはボーレンの自己防衛がからんでいた。ボーレンは日清戦争や北清事変を契機として、急速に船員媒介事業の範囲を、日本海員掖済会によって狭少化されていたが、掖済会の媒介事業が事務的、官僚的である間隙を利用して、利害関係をともにする職長とはかって、共済団体の組織を通じて、媒介権を保持しようとしたのである。

しかし、当時、組織された水火夫長組合や共済団体のうち、傷病船員救済を目的とした無尽講のようなものや、ボーレンと職長との協力による団体等は、短期間で消滅したらしい。その後、永続して、大正年代に労働組合的活動をしたものとしては、海員共同救済会、郵司同友会、東洋倶楽部等が知られている。これらの諸組織について、先出の『日本海上労働運動史』は次のように述べている。

海員共同救済会は、三五年五月、東洋汽船会社と日本郵船会社の甲板部員を中心として組織された最初の部員団体で、休養所や船内日用品購買部の設置、会員の疾病死傷等に対する共済事業を経営したが、とくに商法海商編や船員法について、部員が無関心であることに乗じて、船主が違法の一方的措置に出ることに反省を求め、またこれらの船員法規について部員の啓蒙に当たったことは特記に値する。同会はその後、機構を改めて社団法人組織となり、会頭に男爵柴山矢八、評議員に犬養毅、島田三郎、平沼亮三、竜山親祇等をまた、名誉賛助員に尾崎行雄、戸水寛人、小川平吉、金杉英五郎、河野広中、肥塚竜、柴四郎等のいわゆる名士を推した。（中略）

郵司同友会は、明治四二年三月、日本郵船会社の司厨部員で組織された団体であるが、その創立の動機が当時海外航権の伸長を意図していた同社として、有能な司厨部員の養成と確保を必要としたことから、その創立の動機は、むしろ同社経営者の示唆によるものとみられる。

このように、以上の諸団体は、会員相互の親睦、知識の啓発、相互共済を目的としたものであり、いわゆる名士を役員に推挙したり、会社からの助成をうけるなど、職員団体としては過渡的性格の濃いものであったことがうかがわれる。

労働組合の結成と濱田国太郎

明治末期の普通船員（部員）は、共済団体の結成に努力を集中したあとがみられるが、賃金その他の労働条件の改善についても、組織的な動きが高まり始めていた。もともと、日清戦争中には、特に社外船を中心に船員不足が深刻となり、引き抜き争いがおこなわれ、船員の賃金は陸上のそれと較べると高水準となった。さきにみたように、社外船を中心とした経営者団体である日本海運業同盟会が、船長等の給与の最高限度額などを決議したのも、こうした情勢を背景におこなわれたものであるという。

日清戦争が終わると、戦争による物価の上昇や経済変動のもとで、労働組合をつくる運動も、陸上の基幹産業を中心に進み始めた。明治三十年（一八九七）の夏には労働組合期成会が結成された。これが日本の近代的な労働組合運動の出発点とされている。しかし、この労働組合期成会は、組合結成を呼びかけ、その準備を進める団体であり、その中心人物はアメリカ帰りの新聞記者 高野房太郎や片山潜等であった。こうして、間もなく、鉄工組合、日本鉄道矯正会、活版工組合などが出現した。また、待遇改善要求にともないストライキも発生し始めてきた。ただし、当時の労働組合は、熟練工を中心に組織される傾向が強かった。海上労働者の組織化も、こうした時代背景のもとで、急速に具体化されようとしていた。その場合も、陸上の基幹産業と同様に、水夫長（ボースン）や火夫長（ナンバン）を中心に運動が進められた。『全日本海員組合十五年史』には、次のように要約されている。

機関部同志会は、明治三九年十二月、日本郵船機関部員で組織された団体であるが、その創立事情からいうとわが国海運界における最初の労働組合といえる。（中略）遠洋航路に就航する船舶は、比較的大型船であり、これらの船舶は、日露戦争で重要な輸送任務にしたがい、常陸丸や佐渡丸などの犠牲を出した。低給料、その二割の戦時手当、殉職者に対する零細な弔慰金、それは戦時景気に酔っていた陸上労働者をみた眼には、忍ぶことのできない問題であった。

そのうえ、当時の機関部員の労働は、石炭にたよる蒸気機関の運転にあたるものであった。現在のタービン船やディーゼル船とは異なり、地獄図絵を想像するようなきびしい日常であった。甲板部や司厨部員に較べ、傷病率もはるかに高かった。にもかかわらず、給料その他の待遇は同一であり、実質的には、司厨部員に較べ格段の差がみられる場合もあった。こうした事情から、機関部員が他の職種に先んじて待遇改善に熱意をもったのは、無理からぬことでもあった。

濱田国太郎は、日露戦争前後、日本郵船の火夫長として乗務していたが、その存在は、しだいに周囲の人びとに意識されるようになっていた。何分にも十数歳のときから、たたきあげた火夫長である。すでに、その幼少時から、村の悪童連中をふるえあがらせた喧嘩早さでも知られていた。『海上労働運動夜話』(村上行示、成山堂書店、一九六六)には、次のように、その一面が紹介されている。

浜田は、十七、十八才の頃から喧嘩早いので勇名をはせ、長崎や宇品では派手な大喧嘩をやらかし、ために一眼を失ったほどである。（その頃、浜田は全身に、女の身体を竜が巻いている入れ墨をしたが、入浴するとこれが真赤に浮彫に出て、えも言われぬ美観であったという）

しかし、濱田が喧嘩のため一眼を失ったとされているのは事実では無い。彼はその幼少時に一眼を失明していたらしい。また、この入れ墨については、後日談がある。彼は結婚後も、奥さんには決してこの入れ墨を見せないまま押し通した。しかし、ついにこの秘密がばれてしまい、悲しんだ奥さんは離縁を申し出たが、子供が生まれたあとでもあり、ついに泣き寝入りに終わってしまったという（濱田国太郎のおい、濱田国正氏談）。当時の船員のあいだでは、こうした事例は、それほど珍しいものではなかったのであろう。この濱田にいよいよ出番が回ってきたのである。『風浪—全日海おぼえ書』（山口勝弥、成山堂書店、一九六五）は、次のように伝えている。同志時代からの仲間、醍醐祐次郎氏の思い出話である。

あのころの船員の待遇なんというものは、言語道断だった。まず奴隷なみだね。ことに機関部などときたら、夏期、印度洋などでは病人が続出した。それに給料はいたって安い。見習などは無給の会社があったくらいで、あとで同志会の会長になった浜田国太郎さんは二十才頃に二、三年英国船に乗った経験があって、われわれ船員の待遇を改善するには、どうしても組合を結成せねば駄目だということを、つねづね説いていたことから、郵船の火夫長連が主となって、同志会を作り上げたのが、明治四十二年十一月。始めは会長もいなかったし、会費は一様に二十銭とした。それでも容易に集まらないので、幹部の者は何かといえば持ち出しだった。

あのころの労働者は一般に無学だったね。……会長になった浜田さんだって、始めのころはまったく字も読めなかった。自分の前で書いたものをひろげたから「親父、それは逆だよ」といったら「お前に見せようとしたんだ。何をいうか」と、逆襲する人だった。また、自分が演説のなかで、〝船員の向上〟といったところ「一体、船員のこうじょう、そんな工場はどこのことか、長崎か横須賀か」と言うのだ。始末が悪い。

この談話にみられる（船員）同志会は、明治四十二年（一九〇九）十一月に結成されたとされている。『全日本海員組合十五年史』に記されているところの、明治三十九年（一九〇六）十二月に組織されたという機関部同志会が、発展して出現したものであろうか。そのまま前身が機関部倶楽部である。この間の事情について、『海上労働運動夜話』には次のような加藤清勝氏（昭和二十五年没）の回顧録が紹介されている。

日本海上労働運動史を顧みれば、明治三十九年、当時佐渡丸火夫長浜田国太郎氏が指導者となって郵船会社の火夫長を網羅し、機関部倶楽部を創立、その後、機関部同志会と改名した。ところが、同志会が生れると、対立的な意味ではないと思うが、四十一年頃、甲板部員を網羅するところの共済会という団体が生まれた。しかも会長には柴山海軍大将を迎えたのである。しかしながらここに甲機の二つの組合を設けることは同一産業に働いているすなわち一家族であるべき者が、自然対立的となることはまぬかれないという意見から、機関部同志会を解消して日本船員同志会と改め、……全海員を網羅すべく、会長には三重県四日市選出代議士海軍少将井上敏雄氏を迎え、副会長に浜田国太郎氏が就任したのである。ここに日本における横断的組合が呱々の声を上げたのだ。

その結成の模様について、先出の『風浪―全日海おぼえ書』で醍醐氏は、次のように語っている。

（前略）同志とはかって船員同志会なるものをつくるべく先輩の間にまじって奔走した。この運動はようやく機が熟し、横浜吉浜町二丁目の海員掖済会前に事務所を置いた。明治四十二年十一月二十三日には発足式を催すことになって、発起人には同地在住の船員宿泊業者小泉定吉、丹波清左衛門、増田丑之助の三名を挙げた。式は、伊勢佐木町の石田貸席で、議長に醍醐氏が推された。出席者は前記三名と郵船火夫長深沢市太郎、田所菊次、金岡長二郎、藤見元七、中原弥三郎、八木定吉、城沢芳平、塚差綱太郎のほか東洋汽船火夫長出口芳松、大倉隆松君らで、いずれも意気高らかのうちに、彼岸をめざして閉会した。

この席上、早速、船員同志会名で、郵船会社社長にあて、海員の地位向上、賃金増給の要求書が提出されることになった。その前後の状況について、醍醐氏は、さらに次のように語っている（同前）。

同志会の旗上げと同時に、賃上げ要求を、郵船を目標に出した。そのころの掖済会は、船員のこと一切をあずかっていた関係で、この要求書も、東京の数寄屋橋にあったその本部に行き、常任理事井上元海軍少将に面接し、われわれの主張を述べ、郵船に申し入れのあっせんを依頼した。しかし、その返事は調査中一点張りで二ヵ年以上も続いたので、会員が大変な憤慨で、どうしても我慢がならぬということになった。自分は、そのころは豪州航路の八幡丸に乗船していたので、この交渉には若いながらもたいがいは参加していた。ちょうど浜田さんの船が四十五年四月十五日神戸に帰って来たし、八幡丸も豪州から横浜に帰着したので、船員の意気がなんとなく高揚し、「さあやるぞ」という雰囲気に満ちてきた。

しかし、関係者のあいだでは〝これを聞いたら浜田さんは、かならず下船して来るであろう。すると味方には大きな戦力を得ることにはなるが、そのため、せっかく将来日本の船員の統率者に迎えねばならない彼を、ここで失落させることになるかも知れん。これは彼のためばかりでない。船員一般のためにも、またこの争議の解決上からも、はなはだ不得策となるであろう。この際は、ぜひ無傷にしておかねばまずい。〟との判断がなされていたという。そこで、太田和三郎という男を神戸まで派遣して、自重するよう求めたところ、これがミイラ取りになってしまった。濱田は神戸で宮崎丸を下船し、ほかの者まで連れて、汽車で横浜に現れたのである。宮崎丸の機関長、藤村従道氏は、濱田の将来をおもいかばって、神戸で下船したことは内緒にして、横浜で下船したかたちをとったという。醍醐氏の懐旧談は、さらに続く。

話はもどるが、この争議に入る前、神戸に帰って来た浜田さんから、自分宛に「イマヨリハジメロスグヤレ」という意味不明の電報が届いた。おかしいとは思ったが、ちょうど火夫長田所菊次君の娘さんが病気だったので、それを見舞うという名目で、その家に集ってくれとふれまわったところ、十五、六名の者が参集した。……その結果として、船内で団結した形を避け、油差、火夫、石炭夫が各自勝手に話合ったまで で、上下の連絡がないし、指導や勧誘されたものではないとする。今後の連絡は横浜座の立見の席場でやること。これは偶然おたがいが立話をしてるうちに、こんな悪い待遇では他に職を変えた方が得だということになったものだ、という口実を作れる、と今日では想像もおよばぬストライキ戦法を、その夜協議して別れた。

明治三十三年（一九〇〇）に制定されていた治安警察法による取締りを予測して、とられた苦肉の策であった。しかし、実力行使に向けて高まりつつあった気運は、とどまらなかった。すでに濱田等の側でも、関係者のあいだで意思統一を深めていたからである。さきに紹介した加藤清勝氏の回顧録（『海上労働運動夜話』より）は、次のように続いている。

しかしながら横暴極まりなき船成金連中は、彼等労働者何程の事あらんという態度の下に、日露戦争当時の約束を無視し、何らの待遇改善を実現せず……時たまたまロンドンに碇泊中、われわれが乗船していた熱田丸と浜田氏が乗船していた宮崎丸の代表者が、ウイルウイッチの天ぷら屋で会合すること前後三回、約一ヵ年を要して秘密会合の結果、四十五年三月、私は神戸において下船し、宮崎丸から浜田氏をはじめ杉山、田中、行、浅野、三井、横山氏、計八名が神戸多聞通りの旅館において血判し、ここに決死隊を創設し、同志会長井上氏にわれらの苦衷を訴えた。しかし種々なる意見の相違より井上氏は遂に辞任せられ、代って浜田氏が会長となり、いよいよ歎願書、次に要求書を提出せしも、一言の下に排撃せられここに日本においていまだかって見ざる海上大争議の幕が切って落された……

こうして、船員同志会は、日本郵船一社だけでなく、他社の普通船員の要求も集結し戦線を拡大した。『全日本海員組合十五年史』には次のように要約されている。

この勢いのおもむくところ、明治四十五年にあらためて、日本郵船と船主同盟会に対して歎願書を提出したが、船主側は、威圧的態度をゆずらず、また、掖済会は全国七ヶ所の海員養成所で一、四〇〇名を養成中であるから、普通船員の補充は容易であるとして、公然とストライキの切崩しに出る態度を示したので、船員側は、ますます激昂し、ついにストライキに訴え、横浜では、日本郵船六隻、その他十六隻の三日間にわたる停船をみるにいたった。

停船は横浜が中心となったが、神戸からも応援の一団が集まり、門司では、勝田汽船の神武丸の火夫長や油差し（操機手）等が、同情ストで下船、停船する事態も起きた。森田火夫長、油差しの赤崎寅蔵（後年、日本海員組合役員）等である。しかし、事態が発展すると、濱田は水上署に検束されてしまった。さきに紹介した醍醐祐次郎は、緊迫した情勢のもとでの対応を、次のように語っている（『風浪』より）。

浜田さんを連れもどさねばならないと、その対策を練るため羽衣町の吾妻屋に、十五、六人の者が集合した。だが、その方策がなかなか出ない。結局、花井卓蔵弁護士に依頼することに傾いたが、しかし郵船その他の幹部が争議対策のため、横浜の救済会に四月二十四日集合する。そこで対策の一方法として、油差しを火夫長に繰り上げて、船を出帆させようと協議すると聞いたので、自分は、その席上に出かけ彼らと話し合ってくるから、自分に委せてもらいたいと告げた。

この〝席上〟、次のようなやりとりがあったという。

郵船の監督「醍醐君、君は若いが船員たちの人望が厚いようだ。一つ君から船員たちにはやく帰船するようぜひ話してくれないか」

醍醐「自分はまだ若いし、そんな力などは持たない。船員を帰船させられるのは、浜田を除いては一人もない。彼にそうさせるのが一番よい」

会社側「それはだめだ。浜田は争議の主謀者じゃないか、それを放免するわけにはいかない」

醍醐「こんどの事件には主謀者がいない。それなのに君たちは警察に彼を主謀者として検束させたのではないか。……はやく解決したいなら何より浜田を出して、船員を怒らせないようにすることだ。そして浜田の口から帰船しろといわさせるのだ。そのほかに手はあるまい」

それから間もなく、濱田は検束を解かれ、彼の口から帰船するように伝えた。こうして、足かけ三日間にわたり、わが国の海上ストのはしりといわれたこの争議も、四月二十五日に終わった。

ところが、その解決条件がはなはだ判然としてない。浜田と郵船との腹芸で了解がついた恰好なので、これでは何んのことか。さっぱりわけがわからない、争議のやり直しだといった強硬論者もあったが、それからまもなく船員の昇給が実現して、職長級が十八円、役付が十五円、一等水火夫が十三円になった。今日から見たらたわいもない子供の戦争ごっこにも似たものだったが、当時としては乾坤一てきの大事件だったね（同、醍醐氏談）

という次第で、一大決戦は終わった。しかし、その後、会社当局の圧力もあり〝会長浜田氏辞任のやむなきに至らしめ、一年足らずの内に同志会を破壊してしまったのである。その結果、大正元年、日本労働総同盟の前身友愛会を鈴木文治氏が創立し、同三年友愛会に海員部が設けられるや、浜田国太郎氏は海員部長に就任した……〟（『海上労働運動夜話』加藤清勝回顧録）。

船員同志会は、こうして崩壊したが、それまでつちかった基盤は友愛会海員部に引きつがれた訳である。ときに濱田は四十歳を越えたばかりだった。鈴木文治は濱田を評して「侠骨稜々の士、初対面にして意気投合した」と述べている（『海上労働運動夜話』より）。しかし、友愛会海員部が出現した時期は、『日本海上労働運動史』によると大正四年（一九一五）となっている。その要約を紹介してみよう。

友愛会会長鈴木文治等はかねてから海運業にもその組織を拡大することを意図し、たまたま単身船員同志会の再建に努力していた浜田国太郎と提携することを策した。浜田は当初あくまで自力でその再建をはかる意図をすてなかったが、鈴木の熱心な説得と、船員同志会解消の苦い経験に対する反省から、友愛会に参加し、大正四年二月、横浜に同会海員支部を設け、浜田はその支部長として、旧同志を集め、ここに構想を新たにした海上労働運動の発足を見た。海員支部が独立して海員部となったのは大正八年八月、友愛会が第七周年大会で従来の協調的方針をすてて急進化し、名称を大日本労働総同盟友愛会と改め、それまで雑然たる地方支部の集合体であったのを職業別に整備することとなった結果であるが、横浜海員支部が創設される前年第一次世界大戦の勃発があって、海運界は未曽有の好況を呈し、それを反映して、海上労働運動も多彩な歩みをつづけることとなった。

日本海員組合と濱田国太郎

第一次大戦後、日本の保有船舶は千九百四十隻、二百九十九・五万トンに及んだ。それにつれて、当然、船員数も急増してきた。戦時割増本給、危険航路手当、遠洋航路手当などの交渉のため、普通船員団体も増加し、そのうちには労働組合的色彩をもったものも目立ち始めてきた。

こうして、遠洋航路船の乗組員の待遇は急速に改善されていったが、その間、近海航路の乗組員のあいだでも、同じような動きが高まってきた。こうした情勢を受けて、濱田等の指導する友愛会海員部は、ストライキを背景に船主同盟会と交渉を進め、大正七年五月、近海航路についても十五〜五十パーセントの賃金引き上げが実現した。

しかし、この年の夏に米騒動が発生したことでも明らかなように、物価の値上がりはすさまじく、翌大正八年（一九一九）七月には、普通船員博済会、海員共同救済会、海員自治会、海員共済会および友愛会海員部の五団体は、連合して、日本郵船、大阪商船、東洋汽船および船主同盟会に対して、給料や諸手当の増額とともに日本海員掖済会の就職（船員媒介）業務の取り扱い全廃を要求した。こうした運動は、直接の効果はあげられなかったが、船員のあいだでは要求が高まっていたため、翌年の春までに、待遇改善についての要求事項は、ほとんど解決をみたという。

このように、主要な船員団体の共同行動が進むとともに、合同問題が課題となり、協議が重ねられ、ほぼ意見の一致をみたが、合同後の名称と会長問題をめぐって意思統一が困難となり、今後の課題として持ちこされていった。

しかし、第一次世界大戦後、内外の情勢は大きく変化していった。その一つは、大戦の終結後おそってきた経済不況であった。これに対応するため、それまで実質的には社外船の船主団体であった日本船主同盟会は、日本郵船等の非加盟各社を加えて日本船主協会に改組された。大正九年（一九二〇）五月のことである。その二は、国際労働機関（ＩＬＯ）が大正八年十月に創設され、翌年六月、その第二回国際労働総会を海事総会として開くこととなり、政府から、この総会に出席する船主ならびに船員代表の選出を求められたことである。これは船首側にとっても戦線統一のきっかけとされたが、船員諸団体のあいだでも、結果的には統一促進の契機となった。

けれども、ＩＬＯ海事総会への船員代表の選出をめぐって、関係諸団体のあいだでは大きな対立と混乱が生じた。日本海員同盟友愛会（大正九年一月、友愛会海員部より改称）の濱田等が推した山脇武夫（日本郵船監督）について、大会社偏重ということで強い反対論が起こったためである。激しい対立とかけ引きが展開されたが、結局、船員代表、顧問等の顔ぶれは、次のように決定をみた。

代表　岡崎　　憲（東洋汽船会社監督）
顧問　濱田国太郎（日本海員同盟友愛会）
　　　堀内　長英（海員共同救済会）
　　　木田　文平（郵司同友会）
　　　渡辺伊三郎（水火夫組合長）

濱田国太郎

堤　　良昭（海員救済会）
嘱託　林　　功一（海員正義社）
宮崎　敬馬（海員自治会）
田口　源記（商船水夫正義会）
高岸虎太郎（東洋倶楽部）

こうして、濱田はついに国際舞台を踏むこととなった（以上の経過は『日本海上労働運動史』西巻敏雄、海文堂出版に拠った）。

イタリアのジェノアで開催された第二回ＩＬＯ総会（第一回ＩＬＯ海事総会）に出席した代表団は当初、その選出にからんだ争いから、相互の理解と意思統一は不充分であったが、往復の長い乗船中の接触と国際舞台を経験することによって、相互理解を深めていった。濱田自身も、この国際会議で、イギリス海員組合長ハベロック・ウイルソン、アメリカ海員組合長アンドリュー・フルセスなどと、海上労働運動について意見をかわし、諸外国なみの組織づくりの必要性を痛感した。他の代表団員も、その情勢認識は共通していた。一行が帰国したのち、ただちにその具体化が進められた。

大正十年（一九二一）五月、二十余の海員団体が結集して、日本海員組合が創立されると、濱田は副組合長に選任された。組合長には楢崎猪太郎（船長出身、海員協会専務理事）が推された。しかし濱田は同年十月には辞任し、のち大正十四年（一九二五）二月、副組合長代理に選任され、その後、昭和二年（一九二七）十月、楢崎の後をうけて組合長に就任した。ときに五十四歳であった。前組合長の楢崎が、はじめから濱田をその後継者と考えていたかどうかは疑わしいという。しかし、後年、組織部長となった赤崎寅蔵（愛媛県温泉郡興居島出身）に次のように語っていたという。

浜田は脱線もあるけれど、あれだけ苦心しておるのだから、浜田を中心にやらなければいかん……（『海上労働運動夜話』より）

濱田が組合長のポストにあった時期（昭和二年〜十年）は、文字通り、日本の政治・経済ならびに国際情勢は激動の渦中にあった。参考までに、『日本海上労働運動史』所載の海上労働運動関係年譜で、それをうかがってみよう。

彼が、まず全力を傾けたのは、海員組合による最低賃金制の確立であった。協議の決裂によって社外船のゼネストに発展し、三百余隻の停船をみたすえ協定は実現した。

組織面でも昭和四年（一九二九）には、日本海員組合と郵司同友会の合同、さらに昭和六年（一九三一）、商船同志会との合同も実現し、ここに普通船員の戦線統一はほぼ完成した。

海上労働運動関係年譜

昭和2年	4月	海事協同会事務を開始
	5月	郵司同友会争議解決
	7月	大日本船舶司厨同志会、海員組合に合同、日本司厨同盟崩る
	10月	海員組合長楢崎猪太郎辞任、濱田国太郎組合長に就任
3年	4月	海事協同会委員会の決議により遭難船員手当協定
	5月	海員組合最低賃銀制を要求
	6月	最低賃銀制に関し海事協同会委員会決裂、社外船ゼネスト展開、停船365隻、普通船員標準給料最低月額協定成る 川崎汽船争議
	7月	海員組合と函館船主同盟会500トン未満の船舶乗組員の最低賃銀協約締結
	9月	高級船員の標準給料最低月額協定成る
	12月	海員組合、海員協会、日本労働総同盟ほか2団体と労働立法促進委員会を組織
4年	6月	臨時海事法令調査委員会設置
	7月	郵司同友会、日本海員組合と合同
	8月	第3回ILO海事総会（第13回国際労働総会）代表濱田国太郎、顧問米窪満亮、鈴木仁一、随員山川宗彬
5年	3月	日本海員組合、国際運輸労働組合連盟に加入
	5月	全日本港湾従業員組合連盟結成
	7月	無線技士標準給料最低月額協定成る
	10月	臨時海運調査会設置
6年	1月	海事協同会委員会、船員標準給料最低月額減額を決議
	4月	商船同志会、日本海員組合と合同し、普通船員の戦線統一成る
	6月	日本労働倶楽部結成
	7月	全国大衆党と日本労農党合同し、労農大衆党結成
	9月	満洲事変起こる
	10月	国際運輸労働組合連盟総主事エド・フィンメン来日
7年	1月	上海事変起こる 海運界不況はなはだしく係船37万余トンに上る
	2月	無線技士倶楽部結成
	7月	社会民衆党と労農大衆党合同し、社会大衆党結成
	9月	日本労働倶楽部、改組して日本労働組合会議となる
	12月	最低給料減額解消
8年	7月	わが国、国際連盟脱退
9年	1月	海員協会に内紛
	3月	船舶安全法実施
	5月	アジア労働組合会議結成
	7月	海員組合に革正運動起こり、主導者除名
	9月	海員協会内紛解決
10年	3月	日本海員組合組合長濱田国太郎辞任、堀内長栄組合長に就任

また、国際的には、昭和五年（一九三〇）、国際運輸労働組合連盟に加入、また同九年（一八三四）にアジア労働組合会議の結成もみている。この間、昭和四年には、国際労働機関（ILO）海事総会（第十三回国際労働総会）代表として、これに出席した。顧問は米窪満亮、鈴木仁一、随員山川宗彬である。

しかし一方、この時期、全世界をおそった経済恐慌のもとで、昭和六年（一九三一）には、海事協同会において、船員標準給料最低月額減額（船員給料の一時引き下げ）に応じる一幕もあった。濱田組合長の「海運界の不況を克服するために協力するんだ」という固い決心に押し切られたものだという。

そのころ、濱田は発足後間もない日本労働倶楽部の代表委員にも就任した。労働総同盟会長の鈴木文治はその前年に会長を辞任していた関係もあり、いまや濱田は日本労働運動界のチャンピオンの観があった。その一面を灘幸一（戦前の組合幹部）は次のように伝えている（『海上労働運動夜話』より）。

私は昭和七年九月、芝浦会館で開かれた日本労働組合会議の議長として脚光を浴び、得意満面だった彼の顔を忘れることができない。……浜田は議長席について議事を進めたが、そのうち、どこかの組合の若い代議員が、四角四面の理論をぶって質問してきた。最初のうちは、何とかあしらっていた彼も、面倒くさくなったとみえて、大喝一声、〝ダマレ、いつまでもグズグズ言っているそんな奴は引きずり出せ〟とやってしまった。随分横暴な議長もあったものだが、それでも、それっきり静まり返っておさまったのだから、浜田の威圧力は大したものだった。

また、同書は濱田の議長ぶりについて、次のようなエピソードも伝えている。

二割利子撤廃を演説中の田中松次郎（海員刷新会幹部、戦後の組合で組織部長となる）の頭を「議長は発言を許しておらん」といって、木槌でガツンとぶんなぐったり、あるいは賛成二名、反対一名の発言者を許したあとで採決もせず「二対一で賛成にきめる」と宣言したり、ちょっと今日では想像もつかない議事運営ぶりであった。

一方、停船スト等に際しては、争議の切り崩しのために雇われた暴力団との抗争事件で負傷者を出すこともあった。特に彼が、昭和五年、全海上運輸労働者を組織化しようとして、日本港湾従業員組合連盟を組織し、その議長となって以後、この種の事件が多発している。小型船乗組員や艀船夫を兄弟団体とした関係からである。昭和九年の大正運輸争議等では死者さえも見られ、組合関係者のうちには起訴される者もあった。非常事態に直面しても、一切、臆する風もなかったという。

しかし、常に明確な指針のもとに行動を起こす濱田に対して、組合内部から批判が起きることも避けられなかった。たとえば『日本社会運動人名辞典』(青木書店、一九七九)には、以下の記述がみられる。

海上労働運動の第一人者としての地位を築いた浜田は、その自信から万事を専断する傾向をつよめ、このため組合内に革正運動がおこり、それによる内紛の責任をとって一九三五年三月組合長を辞任し、常任顧問に推挙されたが、その後は宗教運動に関心を抱くようになり、一九三六年三月常任顧問を辞任。一九三七年僧籍に入った。

一時、分裂した組合も、やがて再統一されていったが、すでに強まりつつあった軍国主義のもとで、間もなく他の労働組合同様に、海員組合も海運報国団のもとに入り、昔日の面影は失われていった。少数の組合員ではあったが、それを組織し、反戦運動を持続しようとした海員刷新会等も、弾圧のもとに、その姿を消していった。日中戦争から太平洋戦争へ、その惨禍のなかで、多くの船員たちは、その犠牲となり、多くの人びとが海底に眠ることとなったのである。

おわりに

濱田は、その生涯を通じて、信仰心と祖先崇拝の気持ちには変わらないものがあったようである。自分自身の手で育ててきたという自意識の強かった海員組合長の椅子を離れたのち、彼は神戸市葺合区の金毘羅山雷声寺の住職におさまった。この雷声寺について、『海上労働運動夜話』には次のような記述がみられる。

失業船員救済事業を将来に残すという意味で開山されたもので、船主も寄附をし、船員も給料の百分の一を出し、昭和八年十月五日、厳かに地鎮祭を行なった。雷声寺の本尊は金毘羅大権現で、明治二年の排仏棄釈の時、讃岐象頭山松尾寺に千年にわたって海の守護神として祭られていた尊像が破壊されようとしたのを、ある信徒が自宅に運び出し、七十年にわたって秘蔵していたものという。浜田は、この仏像をゆずりうけ、昭和九年五月十日、盛大な遷座式を行なって雷声寺に迎え、自らその住職になるため剃髪した。

先の『日本社会運動人名辞典』は、一九三七年、昭和十二年に僧籍に入ったとしているが、剃髪式の模様を堀内長栄(日本海員組合副組合長、のち組合長)は次のように述べている。

剃髪式がすんだ後で、管長以下高野山の高僧をまねいたわけです。その時、浜田が管長に向って、私はお経は一つも読めない。お経は読めないけれども、南無阿弥陀仏ということはいえる。南無阿弥陀仏の中にお経の精神が全部入っているといったら、管長が、それでいいんです、それでいいんです、と何べんかうなずいていた。(『海上運動労働夜話』より)

太平洋戦争後、彼は司法保護士など、青少年の補導事業に精力を注いだが、昭和三十三年(一九五八)、その波乱に富んだ生涯を終えた。ときに八十五歳であった。

濱田は、その生涯を通じて、蓄財にはほとんど無関心で、金銭に対しては淡白であったようである。むろんその全盛時代には、彼の周辺で巨額の資金が動かされていた事実までは否定し得ないであろうが……。そして、その一部からであろうが、郷里の高等小学校には各種の寄贈品が並んでいた。また、その別荘として建てられた住宅は、生名村に寄贈され、一時は村の庁舎として使用されていた。その全盛期に、濱田が帰村するとなると大変で、その際には〝〇〇時、濱田国太郎さんが帰られますから、迎えに出なされよ〟と村触れがおこなわれるのが通例であった。

しかし現在では、その郷里、生名島には、直系の遺族は居住されておらず、彼は古老たちの伝承のなかにだけ生き続けている。ただ、厳島とよばれる村の東端の岬には、昭和十年

（一九三五）に建立された彼の銅像の台座だけが残されている。当時の海員組合関係者や海運界からの寄付金によって造られた銅像そのものは、不運にも戦時中に供出され、空しく台座だけとなったのである。その台座には〝報海国〟と記されているが、その文字だけは未だにあざやかである。

濱田は、昭和十年三月、日本海員組合の組合長を辞任したが、その年の年頭のあいさつで、次のような趣旨のことを述べたことが知られている。

昔から、無軌道親爺で通ってきた。だから世間一般から見ると随分あぶない橋も渡り、危険な放れ業もやってきたものだ。世間の人がレールの上を脱線しやしないかと、ビクビクしながら走っている時に、わたしは、わし一流の信念にもとづいて走っ

濱田国太郎の銅像台座

てきたのだ。世間から見ると無軌道親爺かも知れないが、わしは自分の信念というレールの上を信念という車で押し通してきた訳であって、自分の腹の中にはちゃんと誰のよりも丈夫なレールが敷いてあった。……そら危ない、と世間の人が目を蔽うような危機一髪という時にも、わしの信念は、どちらにハンドルを廻したらいいかを、ちゃんと見極めていた。(『海上労働運動夜話』より)

彼の〝信念〟を支えていたものは、十数歳のときから身をもって味わった体験であった。半封建的、前近代的なものと癒着していた海運界の実態であった。彼は、その打破のために、その全エネルギーを燃やし尽くし、その余生も、また彼らしいものとして送った。前近代的な社会体制のもとに育ちながら、それとたたかわざるを得なかった彼の体内に、同じく前近代的なものが内包され、それがやがて運動全般を阻害するようなことがあったとすれば、それは悲しい時代的制約といえるものかも知れない。やがて、そうした課題は、よりあたらしい世代の人びとによって乗り越えられていくことになる。しかし、それはそれとして、波乱にみちた濱田国太郎の生涯から学ぶべきものは、決して少なくはないのではなかろうか。

付記

本稿をまとめるにあたり、特に御協力を頂いた生名村の旧村長 田尾紀氏、旧教育長 岡本秀幸氏、旧公民館長 村上啓祥氏ほか関係職員に、また、資料提供を賜った濱田国正氏に対し深く謝意を表したい。

なお、濱田国太郎の生涯については、紹介が必要なエピソードも多く残されている。明治末年の橿原神宮の神器奪還事件なども、その一つであるが、紙面の都合で割愛した。それらについては拙著『海父・濱田国太郎』で触れているので、興味のある方はお読みいただければ幸いである。

十一　麻生イト―女傑の生涯

麻生イトは尾道本土の出身ですが、壮年期に活躍したのは因島でした。そして悠々と晩年を送り、生涯を閉じたのは因島に隣接している愛媛県の生名島（現同県越智郡上島町）でした。

彼女はあとで触れるように、『悪名』にも実名で登場し、全国的にその名を知られました。彼女の没後、平成十八（二〇〇六）年に、因島でその「生誕百三十年祭」が盛大に実施され、実行委員会の企画によって『女傑一代、麻生イトの生涯』も刊行されました。また保存されていた遺品や関係史料も展示され、ひろく注目されました。ここでは、因島や生名とのかかわりを中心にして、あらためてその生涯を追跡してみます。

語り継がれたイトの前半生

因島のライオンズクラブが小・中学生向けに発行した『因島人物伝』（平成三年刊）には、次のように紹介されています。

彼女は明治九（一八七六）年、尾道市の長江町に生まれ、小学校を終えると神戸に養女に出されたものの、間もなく火災で焼け出され、養父は死亡。行方不明の養母を働きながら探すために、料亭の住み込み女中もしました。その後、結婚、離婚、トンネル工事現場の事務員などの苦労をかさねて三十歳になったころ、因島で最初は古くなった船を解体する仕事を始めたのです。

各新聞社も同様な評伝を掲載しています。その中でも、もっとも詳細なのは『読売新聞』でした。その広島版（昭和三十五年九月三十日）に掲載された「廃藩置県から九十年の歩み」「男装の女親分」には、次のような記事が見られます。

染料の原料である藍玉問屋の十二番目の娘（戸籍関連史料には三女と記載）、十四になったとき大阪の仲買問屋に養女としてもらわれていった。ミッションスクールまでいったが、養母が家族と折り合いが悪くて家出すると、あとを慕って飛び出し、料理屋の仲居にまでなって行方を捜した。その間に結婚して娘が生まれたが、養母にはついにめぐりあえず、また夫とも別れ、二十七歳のとき娘と二人で尾道の実家に帰った。

……ひとをたよって北海道へ渡った。明治三十四年、荒くれ男さえ恐ろしがった飯場の帳付けになり、命を張った社会に一歩を踏み入れたのであった。

その後の人生も、同年齢の女性は体験しなかったような波乱に満ちたものでした。

男まさりの気っぷのよさが、この社会にうけ、やがて横須賀で一家を構えると請負業を始めた。明治三十六年に因島に落ち着いた。

初めは旅館を経営していたが、大阪鉄工所が進出、親分肌の木村鐐之助初代工場長と知り合ってまた下請け業を始めた。やがて大戦が始まり、造船ブームがやってくると、麻生組も潤い、大きな組織にふくれ上がった。

こうした記述は、直接、あるいは間接的にしても、イト自身の回想を踏まえて取りまとめられたものと推測されます。その波乱に富んだ生涯の一端を直接物語っている関係史料も、残されています。イトの晩年を、その生涯を閉じるまで親族になり代わって世話した宮岡ミツノの姪（三阪照子）の次男（三阪達也）が保存していました。その中には厳しい現実生活に立ち向かっていた頃の質札の束もありました。それを包んだ巻紙には次のように筆書きされています。おそらく本人の直筆なのでしょう。

私若（い、筆者）時ノひち入ノ札、必ズたいせつになすべし　但シ五枚入　麻生イト

五枚の質札のうち三枚は明治三十三年（借用金は五十銭と四円五十銭と三円）、二枚は翌三十四年の発行（三円と四円五十銭）で、「元金流二ケ月限」と刻印があります。多分、質入れした品は期限切れで質流れとなったのでしょう。その質屋は兵庫和田崎町にあったこと

が、質札に記されています。当時は神戸で生活していたのでしょうか。先の『読売新聞』の地方版では、明治三十四年には北海道で「飯場の帳付」をしていたことになっています。その前後関係は明らかではありません。

その後、イトは郷里の尾道本土に近い因島（現尾道市）で精力的に活動しています。その間に、大阪鉄工所（日立造船株式会社の前身）の因島工場長・木村鐐之助とも親しく交流があったことも、残された書簡からうかがえます。イトとその孫娘のマサ宛ての通信は次のようです。

木村鐐之助より麻生イト宛
　昭和四年十一月二十三日付
　昭和五年十二月七日付
　昭和五年十二月十一日付
木村鐐之助より麻生マサ宛
　昭和五年七月十四日付
　昭和六年一月十四日付
またこれより先、大正十五年十一月十

麻生イト（昭和初期の写真）

六日付で、大阪市南区周防町の美術表装師、春幸堂から「日審（ママ）大聖人御眞筆之巻物仕立一巻」の代金二十六円等の領収書が届いています。このころには、もう深い信仰心に燃えていたことが窺えます。その購入の斡旋をしたらしい大阪市外岡町松原通四丁目在住の『覚醒』主幹・宮沢英心からは、昭和二年四月二十五日付で次の書簡が届いています。

拝啓、この度の観音さんの祭典は天気といひ（い）、段取りといひ（い）、万事好都合にゆきまして結構でした。殊に貴女の理想もよほど実現してゐ（い）るのを見まして、私は衷心より嬉しくありました……何とかして立石観音の世に知れ亘ることを致したいと思っています

ここに記されている立石観音は、因島の対岸の小島、生名島に奉祀されたものです。因島の隣島なのですが、愛媛県に属している生名島を、何故、立石観音の斎場としたのでしょうか。

生名島と麻生イト

「生名を代表する原始遺跡は、立石の海岸に聳え立つ『立石』（立石石神）であり、そしてその背後の神奈備型の立石山の山頂遺跡である」と『生名村誌』は記しています。「山頂の中央部には石を並べ、その上に平たく大きな岩を四枚敷き舞台状の石組みが……」と続い

ているので、山頂の遺跡は神が降臨する舞台とされていた「盤座《いわくら》」に相違ないでしょう。周辺からは弥生土器や石器が出土しています。

この立石山は、立石観音の名で親しまれています。その中腹に子安観音が祭られているからです。また麓には見事な岩が屹立していて、注連縄が廻らされ、信仰の対象とされています。この立石を中心にして公園が整備され、景勝の地としても知られています。観音さまの春の祭礼には地元だけでなく広く芸予諸島からも多くの参詣者があってにぎやかでした。筆者がまだ幼かった頃には、春の祭礼の際には「市」が開かれ、もう現代社会からは消え去ってしまった「のぞきからくり」等が人気を集めていました。

この立石山の中腹に子安観音を奉祀して、参道を整備し、麓の巨大な立石を中心に見事な公園を造成したのが、麻生イトでした。建造記念の石碑には次のように刻まれています。

当山の中腹に古来天然の岩窟あり、天保年間、当時の特（篤）志者、子安観音像を建立……然るに、土生町の特（篤）信家麻生以登女……大正十四年四月工事を起こし、村民の有志労を補ひ（い）、参道の開拓、堂工事の建立成る……昭和三年七月

先に紹介した『覚醒』主幹・宮沢英心の昭和二年四月の書簡に記されていた立石観音の堂工事が完了したのです。

園内の大きな池（海水が出入している）の側にも、別の大きな石碑が建てられてあり、正面には、大きく雄渾な文字で「三秀園」、その下に蕚堂と刻まれています。「憲政の神様」として讃えられた蕚堂、尾崎行雄の揮毫です。

この石碑の裏面には、次のように刻まれています。

　愛媛県知事市村慶三閣下、昭和四年……賞此地風光、名三秀園、蓋《けだし》芸・備・予三州
　相望、平潮叢巌……穆菴誌

尾崎蕚堂揮毫「三秀園」

今は広島県の安芸の国の生口島と備後の因島に伊予の生名島の三州（秀）が連なった見事な景観だと激賞したのは、官選の第二十二代（昭和三年五月～四年十一月）愛媛県知事、のち京都市長にもなった市村慶三（明治十七年生～昭和三十四年没）でした。「穆菴」は、一行を案内していた元生名小学校長（御調郡土生町助役就任予定）で文芸の愛好家として知られていた生名村の村上証次の雅号です。

イトは、当年の進歩的な政治家尾崎行雄や地元広島県出身の有力な政治家、望月圭介（立憲政友会に属し、幹事長、逓信、内相に就任）とも親しく交流していました。

この男装の女親分に注目したのが、作家の今東光でした。週刊朝日に昭和三十五年から翌年にかけて連載した『悪名』にも実名（オイト）で登場しています。その一節の会話には、次のように生名島が登場しています。

「あの島は愛媛県だんね」

「なるほど。警察の管轄も違うわけか」

「あれは越智郡生名村だす。小さな島でな。三里くらいだっしゃろか。家数も寡うてせいぜい八十戸足らず。オイト親分はあの島に立石観音を安置して、ちょっとした寺を建てはりました。」

『週刊朝日』に七十七回にわたって連載された『悪名』は早速、大映によって映画化されました。実名で登場しているイトを演じたのは、浪花千栄子、監督は田中徳三でした。

田中監督の思い出

この田中監督は、晩年のイトの介護を任された女性、宮岡ミツノ（小説『悪名』では宮崎みつの）の姪、三阪照子の次男、三阪達也の要請にこたえて、映画『悪名』の撮影をめぐる貴重な回想を寄稿されます。平成十八年の春、イトの「生誕百三十年」を記念して、因島の商工会議所の後援を受けた世話人会によって盛大な記念行事が展開され、『女傑一代―麻生イトの生涯』が刊行された際のことです。

因島商工会議所の会員でもあった三阪達也の生母（照子）の叔母、宮岡ミツノは、『悪名』にもほとんど実名で登場しているので、早速、田中監督は次のように丁重な回想録を寄稿されました。

今、私の机の上に、三阪達也氏から送っていただいた新聞記事（『山陽日日』平成十八年二月二十三日＝筆者）がある。そこに麻生イトさんの写真が載っている。そこにあるプロフィールは、女性というより男性を感じさす。髪を短く切ったその風貌は、貫禄十分凄みのある男そのものである。

私は、四十四年前の昔、映画『悪名』をとった時、まことに迂かつでお恥ずかしいことであるが、今東光さんの原作にある小説『悪名』に出てくる「麻生イト」なる人物はあくまで、今東光さんの創作の人物で、麻生イトさんが実在されていた人とは、三阪氏にお電話いただくまで夢にも思わなかった。今さんと映画の打合せでお会いしたときも、そんな話は全然仰言らなかった。だから『悪名』に登場する女親分は、私にとっては、ドラマの重要な人物には違いないが、あくまで他の色んな『悪名』を彩る人物の一人として、浪花千栄子さんの演じる「麻生イト」を描いたつもりである。

(中略)

映画『悪名』は、私にとっても色んな思い出がある。『悪名』を撮るとき、打合せかたがた京都の大映撮影所を訪ねてこられた今東光さんから、思いがけないお話を聞かされた。

『悪名』という小説を、俺に書かしたのは、お前の兄貴である。お前の兄貴が何か書けといって書かされたのがこの『悪名』である。

当時、私の兄は『週刊朝日』の編集長をしていた。なにかの時に、仲の良い今さんに『週刊朝日』になにか一本書いてほしいと頼んだらしい。それで書いたのが、小説『悪名』とのこと。

そんな話を私は兄からまったく聞いてなかったので驚きであった。

『悪名』が映画化されることになって、それを弟の君が監督するとは、何かの因縁を感じるな。今東光さんはしみじみ私に語られた。(後略)

もう『週刊朝日』に連載小説の『悪名』を執筆した今東光も、原稿を依頼した編集長の田中利一も、映画の『悪名』の監督となった田中徳三までもみな故人となられた。ここで、あらためて、『悪名』が登場する以前に、イトの印象を書き残した文筆家の記録を振り返ってみます。

文筆家の印象

イトは、高級旅館として知られた麻生旅館も経営、大阪鉄工所の城山クラブの経営責任者となったこともありました。彼女が率いていた麻生組のハッピの背中には、「イ」という文字が丸く円状に十個、その中央には大きく「鉄」の一文字があざやかでしたが、高級旅館の経営者でもあったのです。

麻生旅館には、文筆家の宿泊客も多かったようです。俳人の河東碧梧桐は、彼女の姿を『山を水を人を』(日本公論社、昭和八年刊)に生き生きと紹介しています。

前額から後頭部へかけて、一文字に深い刀疵《きず》が……髪をジャン切りにして、筒袖に兵児帯。五尺にも足りない小柄ながら、少々四角ばった顔のイカツイ格好にそぐう眼に威力が……すぐそこに見える生名島に、わしは観音様を祀った。山の上はエ丶眺め、この辺で一等やぜ……最初は生名は伊予の島、わしは尾道生まれで、国が違う。よその国の為にすることもと思ったが、イヤイヤ、伊予も広島もない、やっぱり天子様の日本の島じゃ思うての……ぞんざいな関西べらんめいの話しぶりにも耳をかしげる魅力がある。女史には婿さんがなくて、若い嫁さんがある、というような口さがない世間の陰口はどうでもいい。因島の名物でなくて、広島県イヤ関西随一の名物婆さん……其のジャン斬り頭に栄光あれ……

碧梧桐の『山を水を人を』は昭和八年刊でしたが、その前年、昭和七年六月二十六日に、彼が因島の隣島、愛媛県の弓削島の弓削商船学校を訪問したことが、同校（現国立弓削商船高等専門学校）の『六十年史』の略年表に記載されています。麻生旅館への投宿は、多分、この際のことかと推測できます。

彼女の額の傷の由来は、『中国新聞』（大正六年一月十六日）に「女侠客殺し（未遂）――約束を実行せぬとてI加害者は電気職工」の見出しで次のように詳細に報道されています。

電気職工たる○○は十四日夜九時頃、御調郡因島土生村請負業兼旅館業浅生（麻生の誤植）イト（四二）方に日本刀と短刀を携えて闖入し、イトを目がけて斬りつけ面部および頭部に重軽傷を負わせ……イトは瀕死の重体……加害者○○は、二十年前より電気会社の職工に雇われ居り、妻某には下宿業を営ませて生計を立て居たるものなるが、被害者イトが組織し居る浅生（麻生）組と称する組の電気工事をなす事を請け負い、尚イトより純益の二割を貰う約束をなし居たるに、昨冬……大藪技師長と意見の合わぬ処より口論をなし遂に電気会社を解雇されたるより、これを残念に思い居たりしなり

当時、麻生旅館に勤めていた夫妻の娘（内河内久野、大正九年生）は、母からその波紋を次のように語り伝えています。

事件現場に居合わせたイトの婿養子の彦さんは、驚いて対応が不充分だったということで間もなく離婚となった

少女時代を尾道で過ごした林芙美子にとっても因島は思い出の地でした。『放浪記』にその一端がうかがえます。短編作品『小さい花』（昭和八年執筆、翌年刊）には「髪を男のように短く刈り上げ、筒袖の粋な着物に角帯を締めて、その帯には煙草入れ……」とイトらしい人物（おりくさんという男おなご）が登場しています。

このように因島を闊歩していたイトは、各地にその名をとどめています。信仰心に燃えていた彼女は、尾道の艮《うしとら》神社や生名島の八幡神社の境内にも寄付塚を残しています。一方、

因島の土生町の幼稚園の創立や上水道工事の推進にも重要な役割を果たしたことが記念の碑文からうかがえます。土生港周辺には、宮島さんの境内の「竣工の碑」にも大きくその名が刻み込まれています。

女性の教育向上にも熱心で、孫娘の麻生マサや宮岡ミツノの姪の三阪（旧姓三好）照子等も広島県立の尾道高等女学校（現県立尾道東高等学校）に進学させ、同校の寄宿舎から通学していました。保護者として訪問してくるイトはシルクハットの男装で、「おじいさん」と挨拶すると、上機嫌であったと、同じころに寄宿生であった村上恵美子（大正七年生、昭和十年同校卒、生名在住）は語っています。

老境のイト

イトは三秀（州）園で平穏な晩年を過ごしました。最後までその介護に当たった宮岡ミツノは愛媛県の松山市近郊の郡中の出身でした（三阪照子談）。気品のある美女で、立石公園内の別荘では、近隣の子女に茶道の教授をしていたことが知られています。

この公園の近くで少女時代を過ごした清水智江（昭和九年生）がイトを知ったのは国民学校（戦時体制下の小学校）一年生、昭和十六年のことです。イトと親しくなり、麻生旅館へもたびたび同伴されて行っています。智江の脳裏に刻まれたイトは次のようです。

白い着物に男物の角帯。頭は白髪であったが、オールバック。朝起きると、必ず鳩に餌をやる（当時は公園内にはたくさんの鳩がいた）。月に何回か水垢離を取る。海水で体を清めるのです。新年を迎えると、一月八日には海岸で注連縄と一緒に蜜柑を焼き、その蜜柑は子供たちに与えた。それを食べるとしあわせがもたらされると言われていた。

山麓のもみじ谷にあづま屋を造り、藤棚の下には丸いテーブルが置かれていた。日常、イトは無口であったが、籐椅子に座り、読書などをしていたが、常に白足袋を履いていた。イタズラな子供には厳しく注意することもあった。公園の池には海水が流入して、海の水よりも暖かった。夏の海水浴のシーズンにイタズラ坊主が池の置き石の亀のまわりで泳いでいると、「池で遊ばないで、ブランコに乗って遊びなさい」と注意されました。

イトは信仰心の厚い人で、高齢になって足元が危なくなってくると、立石山の中腹にあった観音堂にお参りするのは、篭に乗って行っていました。前後を屈強な男性が担いで山道を登るのです。

別荘のほかに、『梅の間』と『松の間』や『大広間』がありました。イトが亡くなったときの葬儀は大広間で盛大に行われました。昭和三十一年のことです。

晩年のイトに接触して、鮮明な記憶を残しているのは、地元の住民だけではありません。『山陽日日新聞』（平成十八年二月二十三日）には次のような見出しに続いて、詳細な記事が見られます。

亀田（前尾道＝筆者）市長が六十数年前の思い出を―みかんや柿をもらった―

尾中時代、学徒動員　寄宿舎あった生名島で世話に

大正から昭和の造船業華やかな因島と対岸の生名島を拠点に実業家として活躍、作家今東光の小説『悪名』、後の同名映画で女親分のモデルとして描かれた尾道・十四日町出身の麻生イト（一八七六～一九五六）の生誕百三十年（没後五十年）を記念する行事が今春計画されている。二十一日午後、実行委員会のメンバーが市役所を訪ね……

前尾道市長を訪問した委員は、三阪達也ほかで、筆者も同行、荒川京子尾道市議も同席されていました。四段にわたる記事は、次のように続いています。

第二次大戦末期の一九四四（昭和十九）年四月、当時尾道中学五年生だった亀田市長

は日立造船所に学徒動員され、生名島にあった日立の高級船員寮が寄宿舎であったことから、「近所の別荘に住んでいた晩年（六十代後半）のイトさんとよく顔を合わせていた」と六十数年前の思い出を語り始めた。（中略）

翌年七月の大学入学までの一年数ヶ月を因島と生名島で過ごしたが、ただその時は何をしている人かは分からなかった。短髪でいつも白装束だったので宗教家かと思っていた。（太平洋戦争の終結後に＝筆者）『悪名』を見て初めてあの人だったのかと知った。

この報道後、間もなく亀田市長は久しぶりに生名島を訪問されたそうです。

十二　小山亭――嵐は強い木を育てる

明治三十四（一九〇一）年に創立された弓削商船（現　高等専門）学校の卒業生の中には、その名を全国的に知られた方も少なくありません。その一人は小山亮氏ではないでしょうか。その生涯は『反骨一代―回想の小山亮』（日本海事新聞社編、全日本船舶職員協会、昭和五十一年刊）にも、明治から昭和にかけて激動する日本の近代を力強く生き抜いた姿が紹介されています。

この小山氏の出身地は、愛媛県からはかなり遠隔地、長野県の小諸でした。そして、弓削商船入学以前に、他校でも修学された方でした。もともと小山家の先祖は武田信玄の家臣であったと伝えられています。やがて地域に土着して、祖父の盛重は地元の庄屋となっています。幕府が崩壊して維新政権が確立される頃、父の久之助は明治十年に上京して中江兆民の仏学塾に入門、自由民権運動に奔走しています。

帝国議会が創設されると、久之助は衆議院議員選挙に立候補しましたが、数回落選しています。明治三十一年の第六回の総選挙では見事に当選しましたが、残念なことに明治三十四年には死去しています。

それ以前、明治二十八年に誕生していた亮少年は、しばらく東京で母と暮らしたのち、長野県の小諸の小山家に引き取られ、同地の小学校に入学、卒業すると、地元の小諸商工学校に進学、明治四十四年に同校を卒業すると、しばらく郷里の小学校の代用教員として勤務しています。翌明治四十五年に父の友人でもあった大隈重信のとりなしで鳥羽商船学校に入学しましたが、間もなく同校も退学して新潟商業学校の商船学科に入学しています。この学校も僅か二十日間で退学しています。

次に大隈から進学を進められたのが、弓削商船学校でした。初代校長の小林善四郎は旗本の四男坊でしたが、新潟在住の小林家の養子となり、三菱商船学校（東京海洋大学の前身）を卒業すると、三菱汽船で乗務したのち大阪府立商船学校の教官となり、やがて同校の校長に就任しています。

不運にも、この大阪府立商船学校は東京商

勲二等瑞宝章拝受の小山亮

船学校に吸収されて廃校となりました。そのころに創立されたのが弓削海員（のち商船）学校で、その校長として招かれたのが元大阪府立商船学校校長の小林善四郎でした。小林善四郎は大隈重信とも親しかった模様です。大正三年に弓削商船学校に入学した小山学生は、他の学生と共に、しばらく校長官舎の一角に寄宿して通学したこともあったそうです。

小山学生は弓削商船学校での学習（座学）を終えると、大正五年に民間の帆船で北海方面での帆船実習に取り組み、翌年には汽船実習に進み、山下汽船株式会社の武州丸に乗船しました。その武州丸は欧州航路で地中海を航海中に大変な運命に直面します。

それ以前、大正三年には第一次世界大戦が勃発し、日本はドイツと交戦中でした。地中海では、日本の商船もドイツ潜水艦によって激しい魚雷攻撃の目標とされていました。本校の実習生からも尊い犠牲者が出ています。小山亮学生は、汽船実習中の状況を弓削商船学校の『学友会誌』（大正七年発行、のち同校の『六十年史』に収録）に、「伊太利オネリア港より　武州丸実習生小山亮」と題して次のように寄稿されています。

……敵の潜水艦の襲撃を受けて、残念ながら僚船の一隻は憎くや敵の魚雷を船腹に蒙《こうむ》りて……海底へ葬られ……親愛せる学友中塚、笹田の両君や愉快なりし友清水君もこの凶手によって彼等が長い希望に満ちた前途を冷たい海底へ……

この通信が投函されてから間もなく、小山実習生自身も魚雷攻撃に直面しました。さきの『反骨一代』には次のように記されています。

ポートサイドを後にした武州丸は……イタリア本土を目の前にしていた。……ガーンと椅子が床ごとにはね上げられ、頭をデッキ裏にしたたかぶっつけた。……ボートデッキにかけ上がったが、船はもう大きく傾いていた。……加速度のついた船は海中にあっと言う間に引きこまれ、自分もその海に巻き込まれた。

やっと海面に浮き上がることができた小山実習生は、イタリアの漁船に助けられ、打撲傷でしばらく入院した後に帰国。その後の歩みは次のようです。

大正八年　弓削商船学校卒業、山下汽船株式会社入社
大正十年　国際汽船株式会社に移る
昭和二年　甲種船長試験合格

その後は『反骨一代』には次のように集約されています。

昭和五年　世界恐慌は日本の農村にも波及、郷里の農民救済運動に参加
昭和七年　総選挙に社民党から立候補、落選
昭和九年　農村厚生連盟結成

昭和十一年　総選挙で衆議院議員に初当選
昭和十二年　総選挙で最高点当選
昭和十七年　同
昭和二十年　護国同盟結成、太平洋戦争終結
昭和二十一年　公職追放、旭海運創設社長に就任
昭和二十六年　全国商船学校十一会会長
昭和三十三年　総選挙で落選、海難防止協会理事
昭和三十九年　旭海運社長辞任、小松海運社長
昭和四十年　勲二等瑞宝章叙勲
昭和四十一年　日本船員奨学会理事
昭和四十二年　商船高校の高専昇格に尽力
昭和四十四年　全日本船舶職員協会（元十一会）会長
昭和四十八年　勲二等旭日重光章授与、二月死去

こうした多彩な活動を続けながらも小山氏は、弓削商船学校の同窓会長にも就任され、遠隔地から同校の入学式や卒業式に出席されて、学生諸君を激励され、教職員とも親しく交わ

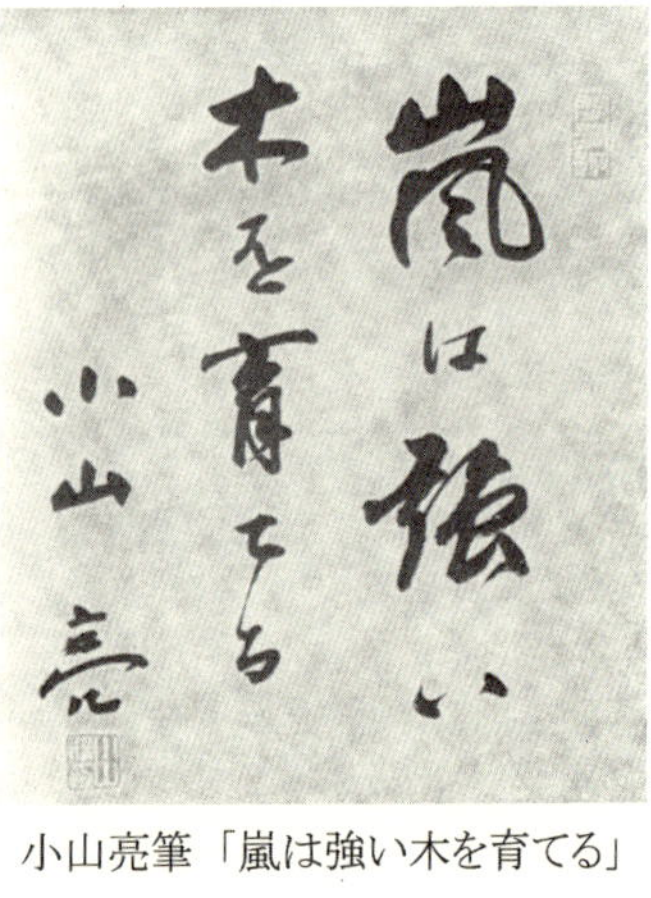

小山亮筆「嵐は強い木を育てる」

られていました。『反骨一代』の最後の章には、「清潔義侠の生涯―不屈の快男子」と題して次のように記されています。

昭和四十八年二月九日……死去……こえて二月二十三日、青山葬儀所において全日本船舶職員協会葬が各界多数の会葬者参列のもとに行われた。祭壇正面には、昭和四十年五月賜《たまわ》られた勲二等瑞宝章を胸に、口をへの字に結んだ一代の反骨、小山亮の堂々たる遺影が飾られ「洪勲院慈海徹心亮道居士」の戒名が真新しく墨書されていた。

おわりに

瀬戸内海の中枢部に位置している芸予海域一帯は、どの時代にしても鋭く社会変動に対応してきた地域でした。その原動力となったのは船舶による活動であり、中世の瀬戸内水軍の動向は特に注目されてきました。その後、幕藩鎖国体制が崩壊して日本の近代の歩みが本格化し始めた時代にしても、この地域を支えていたのは海運でした。

こうした動向のなかで四国本土ではない芸予諸島の一角に、弓削村ほか一ヶ村立の海員学校（のち商船学校）が誕生したのは明治三十四（一九〇一）年のことでした。その後の同校は厳しい内外情勢を乗り越え、昭和四十二（一九六七）年には国立の高等専門学校に編制替えされました。筆者が弓削商船高等専門学校に着任したのはこの転換の際でした。

着任後、同好の学生諸君が組織した「学芸部」の顧問となり、日本の海運界の歩みについて共に学習し始めました。その際にいち早く認識させられたのは、乗船が難船、漂流した船舶の乗組員たちが多いことでした。広島県の尾道市と愛媛県の今治市に連結している内海の島々、芸予諸島からも多くの漂流船員が出現していたことも確認できました。日本の近代史の幕開けとなったペリー艦隊が、中国（清国）の沿岸を航行中に十数名の日本の漂流船員を収容していたことも判明しました。その漂流船員のほとんどは上海で下艦したのち長崎に送還されていましたが、江戸湾に現れた米艦中にいま一人の漂流船員が搭乗していたことを確認した学芸部員たちは興奮していました。

輸送機関が帆船から汽船に転換し始めると、山口県下の大島や広島県の大崎島にも弓削と前後して商船学校が設立され、近代的船員が育成されました。また厳しい勤務状況のもとで海員組合も組織されています。こうした時代を生き抜いてきた先輩たちの足跡を追跡しようとしたのが本書です。

史料調査に際しては愛媛県の伊予史談会や広島県の芸備地方史研究会のお世話になりました。今治・尾道両市や上島町の関係機関、国立弓削商船高等専門学校の皆様にも厚くお礼申しあげます。また地元の上島町の濱田國太郎を顕彰する会の皆様方や尾道学研究会からは、貴重な関係史料を拝借できました。お力添え頂いた尾道学研究会事務局長の林良司氏に厚くお礼申しあげます。そして終始本書の刊行にご尽力頂いた海文堂出版の岩本登志雄氏に心から感謝申しあげます。また小著の刊行に尽してくれた妻みちよにも謝意を捧げたい。

二〇一五（平成二十七）年六月　　　　村上　貢

初出一覧

一　伊能忠敬―尾道周辺の測量
『尾道文化』30号（二〇一二年）

二　瀬戸田の仙太郎―幕末の海外漂流
『尾道文化』26号（二〇〇八年）

三　永井重助―福宮丸の海難と対米賠償交渉
『尾道文化』27号（二〇〇九年）

四　水先人　北野由兵衛―千島艦衝突事件
『尾道文化』28号（二〇一〇年）

五　田坂初太郎―海運創成期のパイオニア
『しらすな』（弓削商船高等専門学校学芸部誌）51号（一九八四年）

六　小林善四郎―初代　弓削商船学校長の生涯
『海事史研究』（弓削商船高等専門学校学芸部誌）14号（一九八九年）

七　ビッケル船長—伝道船「福音丸」と弓削商船学校
『海事史研究』（弓削商船高等専門学校学芸部誌）17号（一九九二年）

八　中堀貞五郎—「うらなり君」のモデルと今治
『今治手帖』一九九四　春号

九　浜根岸太郎—初代・二代の生涯
『尾道文化』31号（二〇一三年）

十　濱田国太郎—海員組合草創時代
『海事史研究』（弓削商船高等専門学校学芸部誌）10号（一九八五年）

十一　麻生イト—女傑の生涯
『尾道文化』29号（二〇一一年）

十二　小山亮—嵐は強い木を育てる
『しらすな』（弓削商船高等専門学校同窓会報）50号（二〇一三年）

しまなみ海道

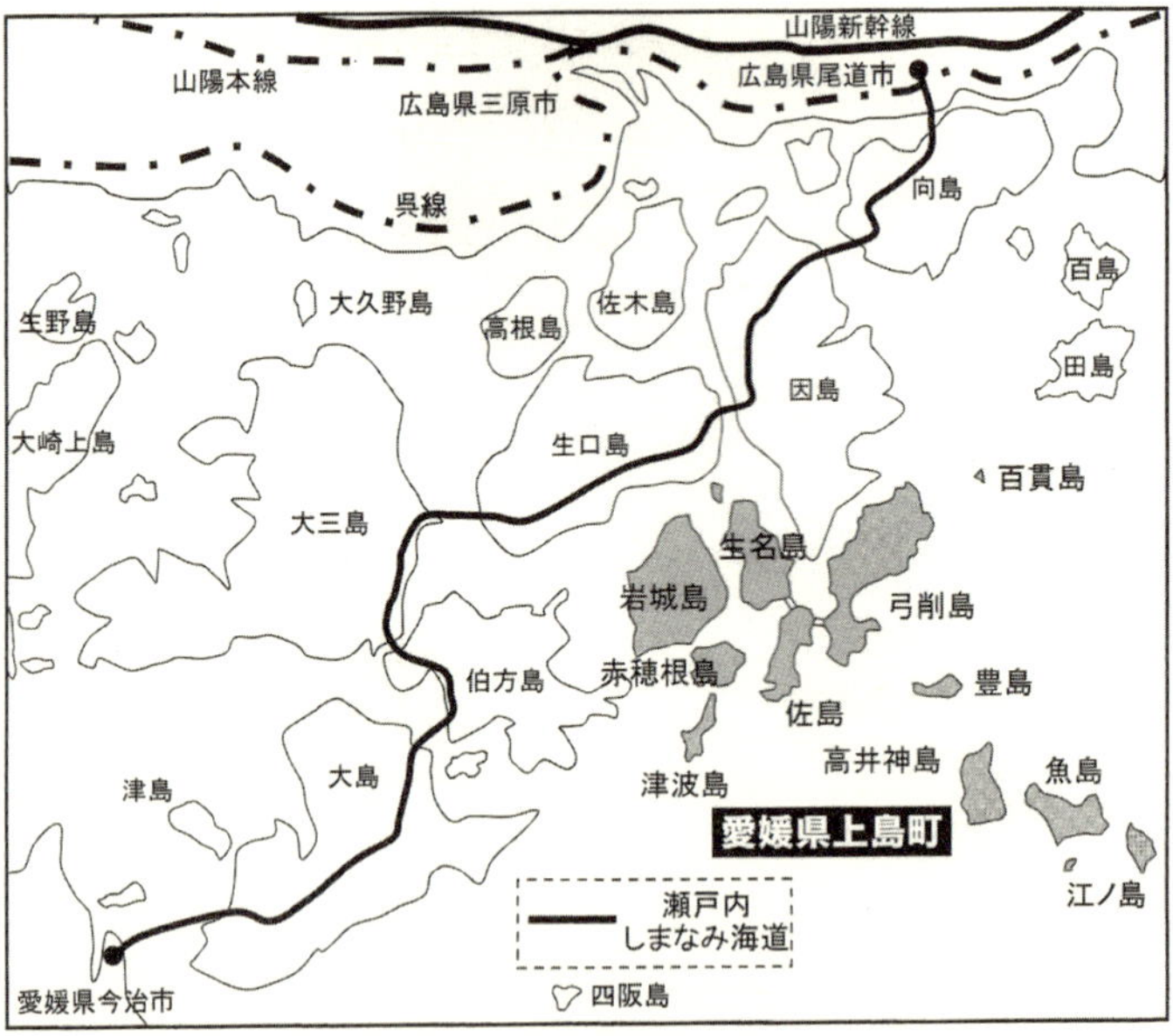

（提供：上島町）

〔著者紹介〕

村上　貢（むらかみ みつぎ）
1926年　愛媛県越智郡生名村（現上島町）に生まれる
1950年　京都大学文学部史学科卒業，岐阜県立多治見高等学校教諭
1967年　国立弓削商船高等専門学校助教授，のち教授，退職後名誉教授に
1990年　岡山商科大学経済学部教授，大学院併任
2002年　同大学退職，名誉教授に
弓削商船高等専門学校着任後，瀬戸内海を中心として海事史研究に専念
現在は郷里の上島町文化財保護審議委員会の顧問，濱田國太郎を顕彰する会代表その他に就任
著書『自由党激化事件と小池勇』風媒社（1976年）
　『幕末漂流伝』PHP研究所（1988年）
　『女傑一代―麻生イトの生涯』麻生イト生誕130年記念事業出版会（2006年）
　『海父・濱田国太郎―海員組合を創った男』海文堂出版（2009年）

ISBN978-4-303-63426-1
しまなみ人物伝

2015年8月5日　初版発行

著　者　村上　貢　　検印省略
発行者　岡田節夫
発行所　海文堂出版株式会社
　本社　東京都文京区水道2-5-4（〒112-0005）
　　電話03(3815)3291(代)　FAX 03(3815)3953
　　http://www.kaibundo.jp/
　支社　神戸市中央区元町通3-5-10（〒650-0022）
日本書籍出版協会会員・工学書協会会員・自然科学書協会会員

PRINTED IN JAPAN　　印刷　田口整版／製本　ブロケード

「濱田國太郎を顕彰する会」について

一年の準備期間を経て「濱田國太郎を顕彰する会」が平成二十五年十二月に発足、弓削島から元船員を中心に約十名、そして生名島からも国太郎の姻戚関係者など同数ぐらい、熱心な会員が毎月の例会に参加、国太郎の海員組合での功績の学習や、海に関わり近代を切り開いた島々の先輩たちに触れ、また新年会や花見、銅像台座の回りの草刈りや伐採、町から補助を受けた掲示板などの広報活動を進めています。愛媛新聞にも紹介され、また海員組合の愛媛支部からの激励もあって、銅像復活までいくのか、今後の方針を詰めるところにきています。この会をリードしているのは、最近まで町議会の副議長を務めた平山和昭氏です。

最近の会議で、サプライズがありました。当時、銅像を建て、周りを公園として整備した村上賢蔵氏に、國太郎から贈られた感謝状が見つかり、会員に紹介されました。

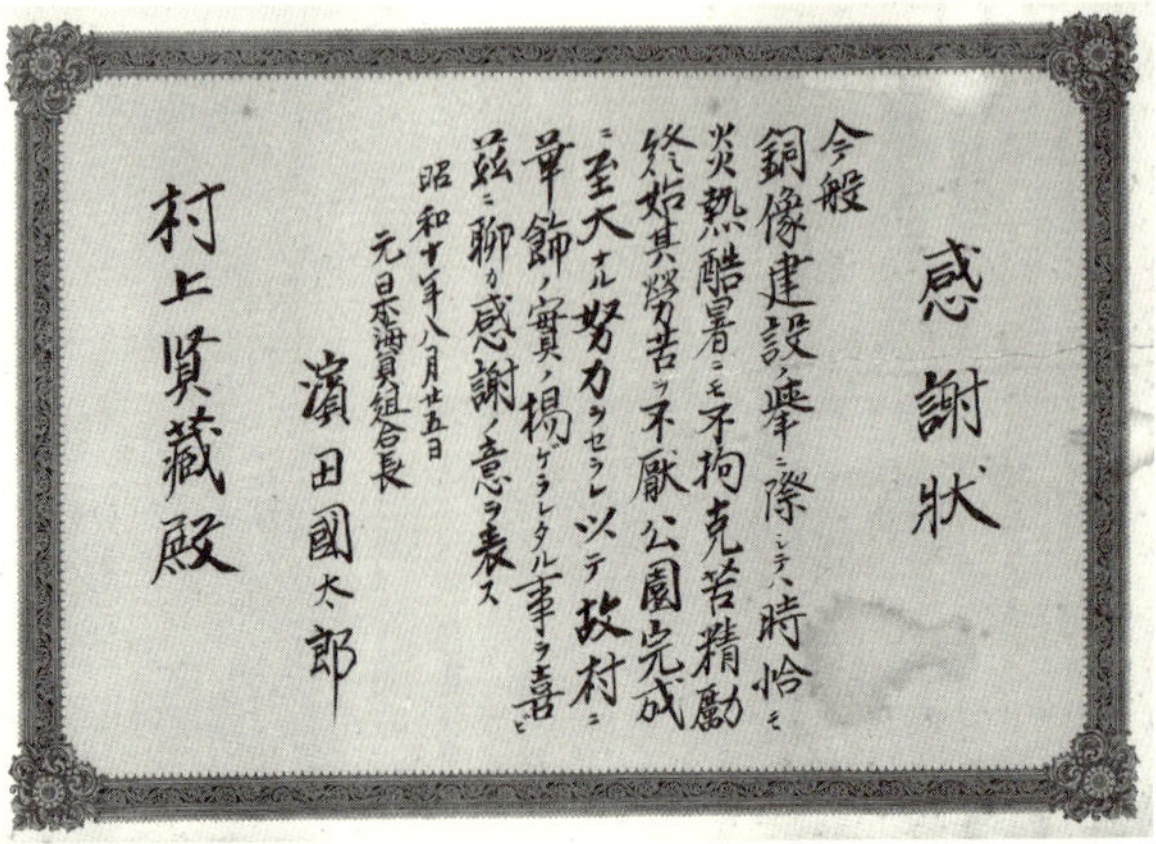
感謝状

今般
銅像建設ノ挙ニ際シテハ時恰モ
炎熱酷暑ニモ不拘克苦精励
終始其労苦ヲ不厭公園完成
ニ至大ナル努力ヲセラレ以テ故村ニ
華飾ノ寳ヲ掲ゲラレタル事ヲ喜ビ
茲ニ聊カ感謝ノ意ヲ表ス

昭和十年八月廿五日
元日本海員組合長
濱田國太郎

村上賢藏殿